KB273016

# 쇼펜하우어 독서에 대하여

쇼펜하우어 독서에 대하여

# 쇼펜하우어 독서에 대하여

## 독서를 이기는 것은 없다

쇼펜하우어 지음 | 스즈키 요시코 · 황미숙 옮김

# 차례

아르투어 쇼펜하우어

## 스스로 사고하기

1

아무리 많은 책을 가지고 있어도 정리하지 못할 바에는 적을지 언정 제대로 정리하는 쪽이 훨씬 낫다. 지식도 마찬가지다. 스스로 깊이 생각하지 않고 수박 겉핥기식으로 여기저기서 끌어모은 수많은 지식보다는 적더라도 곰곰이 생각하고 정리된 지식이 훨씬 가치가 있다. 왜냐하면 하나의 진실을 다른 진실과 비교해 보고, 자신이 아는 바를 여러 방면에서 종합적으로 판단할 수 있을 때 비로소 그 지식은 온전히 자신의 것이 되기 때문이다. 인간은 자신이 알고 있는 것에 대해서는 진지하게 사고할 수 있다. 이것이 우리가 배워야만 하는 이유다. 배움을 통해 지식을 얻었더라도 그 진정한 의미를 알기 위해서는 생각에 생각을 거듭해야 한다.

그런데 책을 읽는 것과 배우는 것은 언제든지 마음만 먹으면 시작할 수 있지만 생각하는 것은 그렇지 않다. 불씨가 꺼지지 않도록 부채질을 하듯이, 생각할 대상에 대한 흥미를 자극하면서 계속 관심을 유지해 주어야 하기 때문이다. 순수하게 객관적인 흥미도 있을 테고 그저 주관적인 흥미도 있을 것이다. 개인적인 일, 사생활에 관련된 일이라면 주관적 흥미를 느낄 수 있겠지만, 순수하게 객관적인 흥미를 불러일으킬 수 있는 것은 '생각하는 머리'를 타고난 소유자뿐이다. 그들에게는 생각하는 것이 숨을 쉬는 것만큼 자연스런 일인데, 그런 인물은 매우 드물다. 대부분의 학자들에서도 '생각하는 머리'의 소유자는 흔하지 않다.


2

스스로 생각하는 것과 책을 읽는 것, 이 두 가지가 정신에 미치는 영향에는 매우 큰 차이가 있다. 그래서 사색형 인간과 독서형 인간이 지닌 근원적인 차이는 점점 더 벌어진다. 독서는 독자의 정신에 그 순간의 생각이나 기분과는 전혀 다른 이질적인 사상을 밀어 넣는다. 마치 봉랍에 인장(印章)이 각인되듯이. 독자의 정신은 철저히 밖에서 가해지는 압박 속에서 이것저것 생각하지 않으면 안 된다. 지금껏 전혀 그럴 생각도 없고 그런 분위기도 아니었는데 말이다. 그에 반해 스스로 생각하는 순간은 외부세계나 어떤 기억에 다소 좌우될 때도 있겠지만, 정신이 자신의 충동을 따른다. 즉 눈앞에 펼쳐지는 세계는 독서를 할 때처럼 하나의 특정한 생각을 강요하지 않고, 그저 본인의 성질이나 그 순간의 기분에 알맞은 주제와 생각의 계기를 부여한다.

용수철에 지속적으로 무거운 압력을 가하면 탄력성이 사라지듯이, 독서에만 치중하다 보면 정신의 유연함을 빼앗긴다. 생각에 집중하고 싶지 않다면 절대적이고도 확실한 방법[1]이 있다. 1분이라도 남는 시간이 있을 때 곧장 책을 집어 들면 된다. 이를 실천하면 평범하고 단순한 대다수의 인간은 '아는 것이 병'이 되어 점점 번뜩이는 정신을 잃고, 또 이것저것 마구 쓰다 보면 모조리 실패하는 꼴을 면하지 못한다. 즉 알렉산더 포프Alexander pope[2]의 말대로 된다.

---

1. (원주) 쓰는 사람은 헤아릴 수 없이 많지만, 생각하는 사람은 드물다.
2. 알렉산더 포프 (1688~1744) 영국의 시인, 고전파를 대표하는 일원. 세련된 용어와 기교 넘치는 표현은 타의 추종을 불허한다. 《머리채 겁탈 The Rape of the Lock》, 《인간론 Essay on Man》 등의 저서가 있다.

학자, 박식한 사람이란 책을 많이 읽은 이들이다. 하지만 사상가, 천재, 세상에 빛을 가져오고 인류의 진보를 이끄는 사람은 세계라는 책을 직접 독파한 사람이다.


3

진실과 생명은 본디 자신의 뿌리에 있는 사상에만 깃든다. 우리가 정말로 완전하게 이해할 수 있는 것은 자신의 생각뿐이기 때문이다. 책에서 읽은 타인의 생각은 남이 먹다가 남긴 음식, 남이 입다가 버린 낡은 옷과 같다.

자신의 내부에서 솟아오르는 생각을 당당히 피어나는 봄날의 꽃이라고 한다면, 책에서 읽은 타인의 생각은 화석에 흔적으로 남은 태곳적 식물과 같다.

4

독서는 스스로 생각하는 것을 타인에게 맡기는 셈이다. 게다가 많은 책 속에는 얼마나 많은 미로가 있고, 길을 잃으면 얼마나 힘든 일을 겪게 되는지 알려줄 뿐이다. 반면 창조적인 정신으로 나아가는 사람, 즉 스스로 바르게 생각하는 사람은 바른 길을 찾아내는 나침반을 갖고 있다. 그러므로 독서는 사색의 샘이 솟아오르지 않을 때만 해야 하는 일이다. 지극히 뛰어난 두뇌의 소유자에게서도 이런 경우를 종종 찾아볼 수 있다. 그에 반해 근원적인 힘이 되는 자신의 사상을 버리고 책을 집어드는 것은 신성한 정신에 대한 모독과 같다. 그것은 광대한 대자연으로부터 도망쳐 식물 표본에 빠져들거나 동판화 속의 아름다운 풍경을 바라보는 일과 비슷하다.

물론 이런 일도 있을 수는 있다. 온갖 고생을 하고, 시간을 들여서 스스로 생각하고, 종합적으로 판단하여 진리와 통찰에 도달했는데 자신이 얻은 이 깨달음이 어떤 책에 거의 비슷하게 정리되어 있는 상황 말이다. 하지만 자신의 머리로 생각해서 얻은 진리와 통찰은 백배의 값어치가 있다.

왜냐하면 스스로 생각해서 도달한 진리와 통찰은 우리의 사상 체계 전체에 자리잡아서, 그 전체를 구성하는 데 반드시 필요한 부분, 살아 있는 구성요소가 된다. 긴밀하게 전체와 연결되고, 여러 가지 원인과 결과와 더불어 이해되며, 우리의 사고방식 전체의 성향과 색조, 특징을 띠기 때문이다. 게다가 그것은 제 안의 욕구가 활발해진 절호의 타이밍에 드러난 것이므로, 제대로 뿌리내리고 두 번 다시 사라지지 않는다. 괴테는 이를 훌륭히 포착하여 해설했다.

> 그대가 조상으로부터 물려받은 것을 자신의 것으로
> 소유하려면 그것을 스스로 획득해야 한다.
> _괴테 《파우스트 Faust》 제1부 682행

즉 스스로 생각하는 사람은 먼저 자신의 생각과 의견을 정립한 후에 권위자나 문헌을 통해 배우는데, 이는 자신의 생각을 강화하고 보강하기 위함이다. 하지만 책을 많이 읽고 기억하는 데 능한 애서가는 문헌에서 출발하여 책에서 주워들은 타인의 의견을 이용해 전체 체계를 구성한다. 이는 이질적인 재료를 끌어 모아서 만든 자동인형 같은 것이다. 반면 스스로 생각하는 사람은 살아 있는 인간을 낳는다고 하겠다. 사색하는 정신이 외부세계에서 오는 자극을 받아 수태하고, 그것이 달수를 채운 후 세상에 나오는 것이다.

단순히 습득하기만 한 진리는 의수나 의족, 의치, 밀랍이나 기껏해야 남의 살로 성형수술해서 만든 코처럼 우리 몸에 붙어 있는 것에 지나지 않는다. 하지만 스스로 생각하여 얻은 진리는 태어나면서부터 지닌 팔다리와 같다. 그것만이 진정으로 우리의 피와 살이 된다. 생각하는 사람과 단순히 박식한 사람의 차이는 여기에 있다.

스스로 생각하는 사람의 정신적 산물은 적절한 음영과 적당한 색조, 훌륭한 색채가 조화를 이루어 살아 있는 듯한, 아름다운 그림과 같다. 반면에 단순히 박식한 사람의 정신적 산물은 화려한 색으로 나름대로 정돈되어 있지만 조화로움과 연결성이 결여되어 있으며 가치도 없다.


5

책을 읽는 것은 타인의 머리로 생각하는 일이다. 끊임없이 책을 읽다 보면 다른 사람들의 생각이 계속 흘러들어온다. 이는 조금의 빈틈도 없는 완벽한 체계까지는 아니더라도 스스로 생각하여 논리 정연한 전체상을 만들려고 하는 사람에게는 해가 될 뿐이다. 왜냐하면 타인의 생각은 다른 이의 정신에서 출발하였고, 다른 체계에 속하며, 다른 색조를 띠고 있기 때문이다. 결코 사상, 지식, 통찰, 확신이 자연스레 융합되어 하나로 정리되지 못하며,

오히려 머릿속에 바벨탑[3]처럼 말의 혼란을 초래한다. 타인의 생각으로 꽉 찬 정신은 명석한 통찰력을 모조리 상실하고 당장이라도 무너질 듯하다.

이러한 상태는 많은 학자들에게서도 찾아볼 수 있다. 그래서 도움이 되는 지식과 올바른 판단, 자리에 맞는 실질적인 행동이라는 점에서 많이 배우지 못한 사람들이 더 뛰어나다. 그들은 경험과 대화, 소량의 독서를 통해 외부에서 얻은 사소한 지식을 자신의 생각에 받아들여 흡수한다.

학문의 세계에서 사상가들이 그러하듯이 말이다. 다만 규모가 훨씬 더 크다. 사상가는 많은 지식이 필요하므로 책도 많이 읽을 수밖에 없다. 하지만 몹시 강인한 정신을 지녔으므로 모든 것을 극복하고 흡수하여, 자신의 사상체계에 동화시키고, 유기적으로 엮은 전체를 더욱 커다란 통찰의 지배하에 둘 수 있다. 사상가 자신의 생각은 오르간의 기본음이 되는 저음처럼 늘 전체를 지배하며, 절대 이질적인 소리에 섞여 사라지지 않는다. 그에 반해 단순히 많이 보고 외우기에 능한 사람의 경우에는 모든 음색이 갈 곳

---

3. 구약성서 창세기 제11장에 나오는 전설의 탑. 하늘에 닿을 수 있는 높은 탑을 쌓기 시작한 인간의 오만을 깨닫게 하고자 신은 그때까지 하나였던 사람들의 말에 혼란을 주어 탑 건설을 불가능하게 했다.

을 잃고 따로 노는 데다 기본음은 아예 들리지도 않는다.


6

인생을 독서에 투자하고 책을 통해 지식을 얻은 사람은 많은 여행 안내서를 보고 그곳에 대해 알게 된 사람과 같다. 이런 사람들은 잡다한 정보를 제공할 수는 있어도, 결국 그곳의 실정에 대해서는 토막난 지식만 갖고 있어서 명확하지도 깊이 있게 알지도 못한다.

그에 반해 생각하는 것에 인생을 투자한 사람은 실제로 현지에 살았던 사람과 같다. 그런 사람만이 이야기할 수 있는 핵심과 연관된 일들을 알고 있으며, 제 집 마냥 정통하다.


7

자신의 머리로 생각하는 사람과 흔한 애서가, 즉 책에서 얻은 지식을 더없이 사랑하는 사람의 관계는 현장의 목격자와 역사연구가의 관계와 비슷하다. 스스로 생각하는 사람은 사건을 직접 파악하여 이야기한다. 그래서 제 머리로 생각하는 사람들은 모두 근원적인 부분에서 일치한다. 그들의 차이는 단순히 어디에 입각해서 이야기하는지에서 비롯될 뿐이다. 그들이 서 있는 지점이 동일하다면 모두 같은 이야기를 한다. 왜냐하면 객관적으로 파악한 것만을 말하기 때문이다. 나는 명제가 역설인 까닭에 공표하기를 주저했었는데 훗날에야 옛 대가의 저작에 표명되어 있었음을 알고는 기쁨과 놀라움을 느낀 적이 있다.

그에 반해 많은 책을 보고 지식을 얻은 이들은 '이 사람은 이렇게 말했다, 저 사람은 이런 의견을 갖고 있다, 그것에 대해 다른 사람이 이런 반론을 펼쳤다' 하는 식으로 보고한다. 그들은 이러한 것을 비교 검토하고, 비판하며, 사건의 진상을 파헤치려고 한다는 점에서 비판적인 역사 저술자와 비슷하다. 그런 사람들은 예를 들어 라이프니츠[4]는 한때 스피노자[5]주의자였는가와 같은 연구를 한다. 호기심 많은 독자들을 위해 더 명백한 예를 들자면,

---

4. 고트프리트 빌헬름 라이프니츠 (1646~1716) 독일의 철학자. 국정, 외교 등의 실무에서 활약하는 한편 사색을 계속하여 우주를 조화롭게 통합하는 보편적인 기호학의 체계를 구상했다. 모나드와 예정 조화를 설파하는 철학과 신학 외에도 수학, 언어, 법률, 물리 등 여러 과학에서 업적을 쌓았다. 미적분법을 발견한 것으로 유명하며 기호논리학의 아버지로 불린다.
5. 바뤼흐 스피노자 (1632~1677) 네덜란드의 철학자. 범신론을 주창하였다. 《에티카》, 《지성개선론》 등의 저서가 있다.

헤르바르트Herbart[6]의《도덕과 자연법의 분석적 고찰》과《자유에
대한 서한》이 그러하다.

　사색가의 분투와 노력을 의심스럽게 여기는 사람이 있을지도
모르겠다. 문제 그 자체를 제대로 생각하고자 한다면, 조금만 생
각을 기울이면 분명 목표에 도달할 수 있다고 여기기 때문이다.
하지만 사색은 우리의 의지와 무관하게 움직인다. 한 자리에서 계
속 책을 읽을 수는 있지만, 생각하는 것은 그렇지가 않다. 언제든
원할 때 부를 수 있는 존재가 아니며, 그것이 찾아와주기를 가만
히 기다려야 한다. 외부로부터 오는 자극이 자기 안의 기분이나
의욕과 머리와 꼬리처럼 자연스레 만나면 어떤 주제에 대해 저절
로 생각하게 된다. 이러한 사색은 책의 내용만을 암기하는 사람
들로서는 결코 할 수 없는 경험이다.

　개인적인 흥미와 관련된 사색도 마찬가지다. 어떤 일에 대해 결
심해야 할 때, 늘 사정에 맞게 여러 가지 이유를 심사숙고하여 결
정할 수는 없다. 그것에 대해 계속 생각하는 것이 힘들어서 오히
려 다른 관심사로 피해 가려는 일이 잦기 때문이다. 때로는 그 문

---

6. 요한 프리드리히 헤르바르트 (1776~1841) 독일의 철학자이자 교육학자. 헤르바르트학파
　의 시초.

제를 생각하는 것 자체가 싫어져서 달아나기도 한다. 그럴 때는 억지로 애쓰지 말고, 자연스레 생각하려는 마음이 들 때까지 가만히 기다려야 한다. 종종 자기도 모르게 저절로 그런 기분이 들기도 한다. 다양한 상황에서 다양한 기분이 서로 다른 각도에서 그 문제에 빛을 비춘다. '결의의 숙성'이라고 부를 만한 것이 천천히 자라나는 것이다. 다시 말해 문제는 적절히 분산될 필요가 있다. 그랬을 때 비로소 이전에는 간과했던 사실을 깨닫게 되고, 현상이 제대로 눈에 들어온다. 그러면 사색이 그리 힘들지도 않고 싫지도 않다.

이론적인 문제 역시 밀물의 때를 기다려야 한다. 지극히 우수한 두뇌의 소유자조차도 항상 제 머리로 생각할 수 있는 것은 아니다. 이때는 사색 외의 시간에 독서를 하는 것도 좋은 방법이다. 앞서 이야기했듯이 독서는 스스로 생각하는 것을 대신하는 일이며, 정신에 재료를 제공한다. 이 경우 우리를 대신해 타인이 생각해주는데, 그 사고법은 언제나 우리와는 다르다. 그러므로 다독하지는 말아야 한다. 정신이 대용품에 익숙해지고 그것에 얽매이다 중요한 주제를 잊어버려서는 안 된다. 타인의 생각으로 굳어진 길에 익숙해지고 그 길을 좇은 나머지 스스로 생각하여 걸어갈 길에서 멀어지지 않도록 하기 위함이다.

적어도 독서하느라 현실 세계에서 눈을 돌려서는 안 된다. 현실 세계에 있으면 독서할 때보다 자신의 머리로 생각하게 만드는 계기가 훨씬 자주 발생하며, 생각하고 싶은 마음이 들기 때문이다. 구체적인 것, 실제적인 것은 본래의 원시적인 힘으로 다가오기 때문에 지극히 자연스레 사색의 대상이 되며, 사색하는 정신을 자극하기 쉽다.

이렇게 보면 말하는 모양새만으로도 자신의 머리로 생각하는 사색가와 책만 읽는 애서가를 쉽게 구분할 수 있는 것이 신기한 일은 아니다. 사색가는 진지하고, 직접적이며, 근원적인 것을 다룬다는 특징이 있으며 자신의 생각과 표현을 모두 직접 검증한다. 이에 반해 애서가는 무엇이든 재탕하여 낡아버린 개념, 옛것만을 긁어모으기에 급급하다. 그들의 이야기는 복제품을 다시 복제한 것마냥 뿌옇게 색이 바래어 있다. 틀에 맞춘 진부한 표현이나 유행어로 이루어진 그의 문체는 스스로 주조한 화폐가 없어 외국 화폐만 유통되는 작은 나라를 연상시킨다. 즉 자신의 힘으로는 아무것도 만들어내지 못하는 것이다.


8

독서와 마찬가지로 단순한 경험도 사색을 대신할 수는 없다. 단순한 경험과 사색은 음식을 먹는 것과 소화·흡수하는 것과의 관계와 같다. 만약 경험이, 자신이 여러 가지를 발견한 덕에 인류의 지혜를 촉진할 수 있었다고 당당하게 말한다면, 그것은 입이 오로지 제 덕에 인체를 유지할 수 있다고 자만하는 것과 다르지 않다.


## 9

진정으로 유능한 인물의 저작을 다른 여러 작품과 구별하는 특징은 결연한 명확성과 거기서 생겨나는 명쾌함, 명석함이다. 이러한 인물은 자신이 무엇을 표현하고자 하는지를 언제나 정확하고 분명히 알고 있기 때문이다. 산문이나 시, 혹은 음악의 경우에도 그러하다. 평범한 인물의 작품에는 이러한 결연한 명석함이 결여되어 있어 바로 구별할 수 있다.

제1급의 정신을 소유한 인물이 지닌 특유의 특징은 모든 판단 역시 스스로 한다는 데 있다. 이런 인물이 꺼내놓는 것은 모두 제 머리로 생각한 결과이며, 이는 그의 말 곳곳에서 드러난다. 그들은 마치 군주처럼 정신의 왕국에 속해 있다. 하지만 평범한 인간은 이러한 정신의 왕국의 직접적인 지배를 받지 못하는 존재다. 이는 본인의 특징이 새겨져 있지 않은 문체를 통해서도 알 수 있다.

이런 이유로 자신의 머리로 생각하는 진정한 사색가는 군주와 닮았다. 직접 판단을 내리고 자기 위에 서는 자를 인정하지 않는다. 그의 판단은 군주의 결정처럼 자신의 절대적인 힘에서 유래하며, 그 자신이 직접 내린 것이다. 다시 말해 군주가 타인의 명령에 따르지 않듯이, 진정한 사색가는 권위에 굴복하지 않고 스스로 확인한 것 외에는 인정하지 않는다. 그에 반해 갖가지 여론이나 권위, 편견에 사로잡힌 평범한 두뇌의 소유자는 법률과 명령을 묵묵히 따르는 민중과도 같다.


10

논의의 여지가 있는 문제에 대해 권위를 가진 학설을 인용하여 기를 쓰고 성급히 단정 지으려는 사람들은 자신의 이해력이나 통찰력이 아닌 타인의 것을 동원할 수 있을 때 마음속으로 기뻐한다. 애초에 그들에게는 이해력과 통찰력이 결여되어 있다. 이러한 사람들은 무수히 많다. 루키우스 안나이우스 세네카 Lucius Annaeus Seneca[7]의 말처럼 '사람들은 누구나 스스로 판단하기보다는 남의 말을 그냥 믿으려고 하는'《행복한 삶에 관하여》 탓이다.

---

7. 루키우스 안나이우스 세네카 (기원전 4년~기원후 65년) 고대 로마 스토아파의 철학자. 변론가로 성공하였으며, 네로 황제의 개인교사이자 집정관이 되지만 모반의 혐의를 받고 자살한다. 《도덕서간》, 《대화편》, 그리스 비극을 번안한 아홉 편의 비극 등 그의 수사학적 명문은 널리 읽히고 큰 영향을 주었다.

논쟁을 할 때, 그들이 공통적으로 꺼내 드는 무기는 권위를 가진 이야기다. 그들은 권위의 삿갓을 쓰고 전투에 임한다. 말려든 사람이 논리로 무장하고 방어하려고 해도 태연하다. 왜냐하면 그들은 이러한 논거에 대해 사고 불능이자 판단 불능의 크나큰 강에 몸을 담근 불사신 지크프리트[8]와 같기 때문이다. 따라서 그들은 경외심을 불러일으키는 권위를 증거로 내세우며 승리를 외친다.


## 11

현실 세계에서 우리는 아무리 아름답고, 행복으로 충만하고, 우수하더라도 중력의 영향 아래서 활동하며 끊임없이 중력에 맞서야만 한다. 그에 반해 사색의 세계에서 우리는 육체 없는 정신이자, 무게도 없고 곤욕도 없다. 그러니 지상의 어떠한 행복도 아름답게 열매 맺어 풍요로워진 정신이 때에 맞게 제 안에서 찾아내는 행복에 비할 바가 못 된다.

---

8. 지크프리트는 게르만 민족의 전설에 등장하는 영웅이다. 중세 독일의 영웅 서사시《니벨룽겐의 노래》의 주인공. 용을 죽였을 때 그 피를 뒤집어쓰고 불사의 몸이 된다. 하지만 이때 등(어깨라는 설도 있다)에 나뭇잎이 한 장 달라붙어서 피가 묻지 않았고, 훗날 이곳을 다쳐 죽는다.

12

생각이 지금 머릿속에 있다는 것은 연인이 눈앞에 존재하는 것과 같다. 우리는 결코 이 사색을 잊지 않을 것이라고, 눈앞에 있는 사랑하는 사람이 무정하게 굴 일은 절대 없을 것이라 여긴다. 하지만 '떠난 사람은 세월과 함께 잊히는 법'이다. 아무리 훌륭한 생각도 적어두지 않으면 잊어버리고, 돌이킬 수 없을 위험이 있다. 연인 역시 결혼으로 붙잡아두지 않는다면 영원히 떠나버릴 우려가 있다.


13

생각하는 사람에게 가치 있는 생각은 많다. 하지만 반향이나 반발을 거치고도 여전히 효력이 있는 사상, 즉 글로 쓰인 후에도 독자의 공감을 얻을 수 있는 사상은 극히 적다.


14

하지만 진정으로 가치 있는 것은 오로지 자기 자신을 위해 생각한 것뿐이다. 사색하는 사람은 저절로 사색하는 유형과 타자를 지향하는 유형으로 나뉜다.

전자는 진정한 사색가다. 이중의 의미로 'Selbstdenker', 자신의 머리로 자신을 위해 생각하는 사람이다. 본래의 철학자, 앎을 사랑하는 이다. 즉 그들만이 진지하게 문제와 마주한다. 그들의 삶의 기쁨과 행복은 그야말로 생각하는 데 있다.

후자, 즉 사색하는 사람 중 타자를 지향하는 유형은 소피스트, 궤변가다. '그럴싸함'을 추구하며 타인의 눈에 철학자처럼 비치는 것에서 행복을 찾는다. 그것이 그들이 진지하게 추구하는 바다. 두 가지 유형 중 어디에 속하는지는 그들의 방식을 전반적으로 보면 금세 알 수 있다. 게오르크 크리스토프 리히텐베르크 Georg Christoph Lichtenberg[9]는 전자의 대표적인 인물이며, 요한 고트프리트 헤르더 Johann Gottfried Herder[10]는 후자에 속한다.

---

9. 게오르크 크리스토프 리히텐베르크 (1742~1799) 독일의 물리학자이자 저술가. 계몽주의의 기수. 《잠언집》을 남겼다.

10. 요한 고트프리트 헤르더 (1744~1803) 독일의 사상가이자 문학자. 질풍노도 Strum und Drang 운동의 지도적 위치에 있다. 《신독일문학 평론 단편》에서 문학은 그 나라의 민족성에서 탄생하고 국민의 피와 살을 이루는 모국어로 표현되어야 한다고 주장하며, 외국문학의 모방을 배척하였다. 《인류의 역사철학에 대한 이념》, 《언어의 기원에 대하여》 등의 저술이 있다.

15

산다는 문제, 애매하고 고뇌로 가득한, 꿈처럼 덧없는 우리 생의 문제가 얼마나 크고 가까이에 있는지를 헤아리면, 그 크기와 가까움을 깨닫자마자 다른 문제나 목적은 모두 그 그늘에 가려지고 만다. 하지만 모두들(극히 예외적인 일부를 제외하고) 이 문제에 대해 명백한 의식을 갖기는커녕 전혀 알아차리지 못한 채로, 다른 일에만 신경을 쓰며 막연히 하루를 보낸다. 오늘 일어난 일, 제 주위에서 일어난 가까운 일만을 마음에 담고, 이 문제를 딱 잘라 거부하거나 소위 일컫는 형이상학적인 문제라고 단정 지어 버린다.

깊이 생각해보면 인간은 극히 넓은 의미에서 '이것저것 생각하는 생물'에 지나지 않는다는 견해에 도달한다. 그러면 사료 없음, 무지(無知) 라는 특징을 보아도 아무런 거부감을 느끼지 않는다. 오히려 보통 사람의 지적 시야는 동물보다는 넓지만(동물에게 있어 산다는 것은 미래나 과거를 생각하지 않고 그저 현재에 있다), 평소 생각하듯이 헤아릴 수 없이 넓지는 않음을 알 수 있다.

대개 사람들의 생각은 대화에서도 마치 자른 지푸라기처럼 짧고 단편적이어서 일관되고 맥락이 통하는 이야기를 뽑아내지 못하지 않는가. 이 세상이 진정으로 생각하는 생물들로 가득하다면 모든 종류의 소음이 무제한으로 허용되는 일도 있을 수 없는 것이리라. 소음은 더없이 끔찍하고 무익하다.

만일 자연계가 인간이 사색을 하도록 운명지어 두었다면 자연은 인간에게 귀를 주지 말았어야 옳다. 혹은 적어도 박쥐의 귀처럼 만들었을 것이다. 나는 귀에 기밀성을 갖춘 데다 여닫을 수 있는 뚜껑을 가진 박쥐가 부럽다. 그러나 실제로는 인간도 다른 가련한 동물들처럼 자신의 생존을 유지할 수 있을 정도의 능력밖에는 없다. 그렇기에 밤낮을 가리지 않고 추격자가 가까워졌음을 알려주도록 항시 귀를 열어두어야 한다.

## 저술과 문체에 대하여

1

글을 쓰는 사람은 두 부류가 있다. 주제가 있으니까 쓰는 유형, 쓰기 위해서 쓰는 유형이 그것이다. 전자는 사상과 경험을 가지고 있으며 그것이 전달할 만큼 가치 있다고 생각한다.

후자는 돈이 필요해서 글을 쓴다. 이들은 쓰기 위해 생각한다. 가급적 생각을 길게 끄집어내는데 근거가 없고 초점이 맞지 않는데다 부자연스럽다. 흔들거리며 불안정한 생각을 장황하게 늘어놓고 대개는 있지도 않은 것을 있는 것처럼 보여주기 위해 애매함을 선호한다. 글이 명쾌하지 않으니 그저 종이를 채우기 위해 쓴 글이라는 사실이 금세 들통난다. 내 나라의 가장 뛰어난 작가에게서도 더러 보이며, 가령 레싱[1]의 연극론이나 장 파울[2]의 몇몇 소설에서도 곳곳에서 눈에 띈다.

이를 깨달았다면 당장 그 책을 던져버려라. 시간은 무엇보다도 귀중하다. 요컨대 글을 쓴 이가 종이를 채우기 위해 쓴다면 그 시점에서 작가는 이미 독자를 무시한 것이다. 즉 자신이 글을 쓰는 것은 전달할 내용이 있어서라고 꾸며내었다.

보수(報酬)와 저작권 보호를 위한 복제 금지는 근본적으로 문학을 추락시킨다. 써야 할 주제가 있기에 쓰는 사람만이 가치 있는 글을 쓴다. 문학의 여러 분야에서 극히 소수의 걸출한 책만 있었다면 어떤 보물과도 바꿀 수 없을 만큼 유용할 것이다.

하지만 글을 써서 돈을 벌 수 있게 되면 사태는 달라진다. 마치 돈에 저주가 걸린 것처럼 말이다. 어떤 작가든 돈을 벌기 위해 글을 쓰기 시작하면 문장의 질이 떨어진다. 위대한 사람들의 최고 걸작은 모두 돈을 받지 않거나, 아주 적은 보수를 받고 써야만

---

1. 고트홀트 에프라임 레싱 (1729~1781) 독일 계몽주의의 대표적인 극작가이자 비평가. 《라오콘》, 《함부르크 연극론》, 《현자 나탄》 등의 작품이 있다.
2. 장 파울 (1763~1825) 본명은 요한 파울 프리드리히 리히터. 고전주의와 낭만주의 어디에도 속하지 않는 독자적인 산문 예술을 선보였다. 《헤스페르터》, 《지벤케이스》, 《거인》 등의 작품을 썼다.

했던 시대의 작품이다. 이 경우에도 스페인의 속담 '명예와 돈은 한 자루에 들어가지 못한다'라는 말이 옳음을 알 수 있다.

독일 내, 또 외부에서도 오늘날의 문학은 비참하기 이를 데 없는데, 그 원흉은 책을 써서 돈을 벌 수 있게 된 데 있다. 돈이 필요한 자는 너나 할 것 없이 책상에 앉아 책을 쓰고, 독자는 어수룩하게도 그것을 산다. 그것의 부수적인 현상으로 언어가 추락한다.

엉터리 작가의 대부분은 그날 인쇄된 것 이외에는 읽으려고 하지 않는 우둔한 독자들 덕분에 생계를 꾸리고 있다. 그들이 바로 저널리스트다. 실로 적절한 네이밍이다. 저널(매일)의 양식을 벌어들이는 사람, 쉽게 말해서 '날품팔이'라고나 할까[3].

---

3. (원주) (고상한 장르의) 위대한 작가나 예술가들에게 공통되는 특징은 바로 자신의 작품에 진지하게 몰입했다는 것이다. 그 밖의 무리들은 이익을 얻는 데만 혈안이 되어 있다. 자기 안에서 솟아난 사명감으로 쓴 책 덕분에 명성을 얻은 사람이 그것에 빠져 작품을 남발한다면 기껏 얻은 명성을 푼돈에 넘기는 셈이 된다. 무언가 다른 목적을 위해 글을 쓰면 곧장 문장이 거칠어진다. 글을 쓰는 것을 생업으로 삼는 자가 나타난 것은 금세기에 들어서다. 그 전까지는 천직으로 여기며 펜을 드는 이들뿐이었다.

2

나아가 또 글을 쓰는 사람에는 세 종류가 있다고도 할 수 있다. 첫 번째는 생각하지 않고 쓰는 유형이다. 기억이나 추억, 혹은 타인의 책을 그대로 차용해서 쓴다. 이 유형은 상당히 많다. 두 번째는 쓰면서 생각하는 유형이다. 그들은 쓰기 위해 생각하는데, 이역시 흔한 편이다. 세 번째는 쓰기 전부터 이미 생각해온 유형이다. 생각에 생각을 거듭했기에 쓰는 사람들이다. 이 유형은 참으로 드물다.

쓸 때까지 생각하지 않는 두 번째 유형의 글쟁이는 하늘에 운을 맡기고 사냥을 나서는 사냥꾼과 같다. 많은 포획물을 손에 들고 돌아오기는 어렵다.

그에 반해 세 번째 유형의 글쓰기는 '몰이식 사냥'이라는 드문 수렵방식과 비슷하다. 사냥감은 미리 포획되어 서랍 속에 갇혀 있다. 이후 그 포획물들은 사냥꾼에게서 도망치지 못하도록 다른 담장으로 둘러싸인 장소로 옮겨진다. 사냥꾼은 목표물을 정해 총을 쏘기만(표현) 하면 된다. 이것은 사냥감을 확실히 사로잡을 수 있는 방법이다.

게다가 정말로 진지하게 미리 생각하는 작가 중 극소수지만 주제 자체에 관해 생각하는 이들이 있다. 그 이외에는 글에 대해, 타인의 언설에 대해 이리저리 궁리할 뿐이다. 즉 그들은 생각하기 위해 기존에 있던 타인의 사상 중에서 자기와 더욱 가깝고 강한 자극을 필요로 한다. 외부에서 부여된 사상이 그들에게 가장 친밀한 주제가 되는 것이다. 따라서 끊임없이 타인의 사상의 영향을 받으므로 결코 본래의 독창성은 손에 넣지 못한다. 그에 반해 주제 자체에 대해 생각하는 극소수의 사람은 주제 자체에 자극받아 생각한다. 그러므로 그들의 사색은 직접 주제를 향한다. 이러한 사람들 중에서만 불후의 명성을 떨칠 자가 나온다. 물론 이는 정신Geist 세계에 대한 이야기로 술Geiste에 대해 쓰는 사람을 말하는 것이 아니다. 글을 쓸 때 소재를 자신의 머리에서 직접 뽑아내는 인물만이 읽을 만한 가치가 있는 글을 쓴다.

그런데 함부로 책을 내는 사람, 매뉴얼 서적을 쓰는 사람, 평범한 역사가 등은 여러 책에서 소재를 그대로 가져온다. 소재가 책에서 그대로 펜을 쥔 작가의 손가락으로 흘러가 머릿속에서 검사도 받지 않고 세금도 내지 않은 채 통과하는 데다, 더 낫게 써보려고 가공되지도 않는다.(이러한 저자들 가운데 자신의 책에 쓰인 것을 전부 아는 이가 있다면, 그는 얼마나 박식하단 말인가!) 그들의 이야기는 두서가 없고 결국 무엇을 생각한 것인지 알고자 머리를 싸매고 생각해본들 헛수고로 끝나는 일이 잦다. 실제로 그들은 아무것도 생각하지 않으니 말이다. 그들이 베껴 쓴 책도 비슷한 방식으로 작성된다. 요컨대 이런 저작물은 복제를 복제한 석고상과 같아서, 이렇게 거듭하다보면 종국에는 아름다운 청년 안티누스[4]의 상마저 얼굴 윤곽을 알아보기 어려워진다.

그러니 여러 자료를 끌어모아서 완성한 책은 되도록 읽지 말아야 한다. 그렇다고 아예 읽지 않기란 어렵다. 수 세기에 걸쳐 축적된 지식을 적은 지면에 담은 자료 편람적인 글 역시 자료를 끌어모아 만든 책이기 때문이다.

가장 최근에 이야기된 말이 항상 옳고 나중에 쓰인 글은 모두 이전에 쓰인 글을 개선한 것이며, 어떤 변경이든 진보라고 믿는 것만큼 큰 잘못은 없다. 진정한 사색가나 올바른 판단을 하는 사람들, 어떤 주제에 대해 진지하게 임하는 사람들은 모두 예외에 불과할 뿐, 온 세상에 쓰레기 같은 인간들이 판을 친다. 그들은 기다렸다는 듯이 예외적인 인물들이 심사숙고한 언설을 제멋대로 주물러 개악시킨다. 그러니 어떤 주제에 대해 연구하려고 한다면, 학문은 끊임없이 진보하며 최신 책에는 과거의 지식과 견해가 반영되어 있다는 잘못된 전제 하에, 그 주제를 다룬 최신 서적만을 덥석 손에 쥐는 것을 피해야 한다. 물론 과거의 지식과 견해가

---

4. 안티누스 (111경~130) 비티니아 출신의 미소년, 하드리아누스 황제의 동성애 상대. 하드리아누스 황제에 의해 신격화되어 여러 예술작품으로 표현되었다.

반영되어 있기는 하다. 문제는 어떻게 반영했느냐에 있다. 종종 신간 서적의 저자들은 선인의 글을 제대로 이해하지 못한 주제에 그들의 말을 그대로 인용하려고 하지 않고, 선인 고유의 피가 흐르는 전문적인 지식으로 쓰여진 훌륭하고 명쾌한 말에 손을 대어 개악시키고 물거품으로 만들어 버린다. 이런 식으로 선인의 가장 좋은 업적, 핵심을 꿰뚫은 설명, 더할 나위 없이 좋은 수미상관의 글을 쉽사리 내던진다. 그 가치를 알아보지 못하고, 그 적절함과 정확함을 감지하지 못하기 때문이다. 자신처럼 진부하고 얕은 것밖에는 이해하지 못하는 것이다.

선인들의 훌륭한 책이 좋지 못한 최근의 책에 밀려나는 경우가 종종 발생한다. 그런 좋지 않은 책은 돈벌이를 위해 쓰인 것인데도 자신만만하게 선보이고 동료들의 극찬을 받는다. 학문의 세계에서는 누구나 자신의 존재 가치를 인정받고자 새로운 주장을 내놓으려고 한다. 지금까지 통설로 여겨져온 정론을 뒤집고 자신의 어리석은 생각으로 덮어버리는 일이 흔하다. 당장은 잘 될지 몰라도 어느 정도 시간이 지나면 원래의 정론으로 되돌아가기 마련이다. 이렇게 새로운 주장을 내놓는 사람에게 세상에서 무엇보다 중요한 것은 자신의 값어치다. 자신의 가치를 인정받고 싶은 것이다. 그래서 반론과 역설을 통해 손쉽게 그것을 이루려고 한다. 즉, 불모의 두뇌가 그들에게 부정(否定)의 길을 가도록 권하고,

그 결과로 오랫동안 인정받아온 수많은 진리가 부정당한다. 예컨대 생명력, 교감신경조직, 생명의 원초적 발생, 비샤[5]의 정념작용과 지성작용의 분리가 부정당하고, 극단적인 원자론 등으로 역행하기도 한다. 그래서 학문의 길은 때때로 후퇴하기도 한다. 나아가 원저자의 오류를 바로잡고 손보려고 하는 번역가도 이 부류에 속한다. 심히 뻔뻔스러운 일이라 생각한다. 번역할 만한 가치가 있는 책을 본인이 직접 쓰고, 남의 책에는 손을 대지 않았으면 싶다.

독자들은 가급적 원저자, 해당 주제의 창안자나 발견자의 글을 읽어야 한다. 적어도 그 분야에서 높은 평가를 받고 있는 대가의 책을 읽어라. 내용을 발췌한 해설서보다는 원래의 책, 고서(古書)를 사야 한다. 당연히 누군가가 발견한 내용에 새로이 의견을 덧붙이는 일은 쉽다. 그러므로 더욱 심사숙고한 근거에 기초하여 새로이 덧붙여진 내용에 정통해야만 한다. 여기서도 '새로운 것이 좋은 것이 되는 일은 드물다. 좋은 것이 새로운 순간은 짧기 때문

_____
5. 마리 프랑수와 그자비에 비샤 (1771~1802) 프랑스의 해부학자. 조직학과 일반병리학을 확립하였다.

이다'[6]라는 원칙이 해당된다. 편지의 주소와 수신인명에 해당하는 것이 바로 책의 제목이다. 제목의 목적은 책의 내용에 흥미를 가질 법한 독자층을 끌어당기는 것이다. 그러니 책의 제목은 특징적이어야 한다. 기본적으로 짧고, 간결하고 함축적이며 가능하면 책의 내용을 모노그램화(머릿글자를 조합하여 도안화)한 것이 좋다. 장황하거나 모호하고, 착각하게 하거나 중의적인 것은 물론이고 잘못된 내용으로 오해를 불러일으키는 제목은 좋지 않다. 이런 제목의 책은 주소와 수신인이 잘못 적힌 편지와 같은 운명을 걷게 된다.

그 중에서도 가장 나쁜 것은 이미 출간되어 있는 다른 책의 제목을 도용하는 일이다. 그것은 첫째로 표절이며, 둘째로 독창성이 없음을 보여주는 분명한 증거다. 자신의 책에 새로운 제목을 생각해낼 힘조차 없는 이에게 어떻게 새로운 내용을 쓸 능력이 있겠는가. 이와 비슷한 행위로 제목의 모방, 즉 타인의 책 제목을 반

---

6. (원주) 항시 독자의 주의와 관심을 받고 싶다면, 영원히 가치 있을 글을 쓰거나 쉼 없이 새로운 글을 써야만 한다. 후자의 길을 선택하면 글은 점점 나빠질 뿐이다.
팔리는 작가가 되고 싶으면 도서전시회라도 여는 듯 끊임없이 써대야 한다. _티크
루트비히 티크(1773~1853)는 독일의 낭만파 작가다. 다재다능하며 다작을 하였는데, 동시대 사람들에게서 '낭만파의 제왕'이라 불렸다. 《프란츠 슈테른발트 편력》, 《장화 신은 고양이》 등을 썼으며, 셰익스피어의 작품을 번역하기도 했다.

쯤 도용하는 경우를 들 수 있다. 예를 들어 내가 《자연에서의 의지에 대하여》를 출간하고 한참 지나 외르스테드[7]라는 자가 《자연에서의 정신에 대하여》라는 제목의 책을 썼다.

글을 쓰는 이가 얼마나 성실하지 못한지 남의 저서에서 인용하여 바꿔 쓰고도 조금도 양심의 가책을 느끼지 않는 것을 보면 분명하다. 종종 내 저서에서 인용된 글을 접하는데 하나같이 변형되어 있다. 단, 공공연히 나를 지지하는 사람들만큼은 이 경우에 특별히 예외로 삼는다. 흔해빠진 평범한 표현과 에둘러 말하기로 펜을 굴리고 아무렇지 않게 습관적으로 써버린, 부주의로 인한 위조도 흔하다. 내 글을 더 잘 고쳐볼 생각으로 변형하는 경우도 적지 않다. 하지만 가장 빈번히 행해지는 것은 나쁜 의도를 가진 경우다. 이는 부끄러워해야 할 비열한 행위이며, 신용할 만한 인물이라는 원저자의 품격을 완전히 앗아가는 일이다. 화폐 위조와 다름없는 악행이라 하겠다.

---

7. 한스 크리스티안 외르스테드 (1777~1851) 덴마크의 물리학자이자 화학자. 전류가 자기장을 형성하는 것을 발견하였으며, 전자기학의 기초를 확립하였다. 칸트철학의 신봉자였으며, 19세기 후반의 과학의 방향성을 결정지은 《자유에 있어서의 정신에 대하여》를 집필하였다.

3

책은 저자의 사상을 찍어낸 것과 다름없다. 사상의 가치를 결정 짓는 것은 소재나 표현형식이다. 소재란 '무엇에 대해 생각했는 가'이고, 표현방식은 소재를 어떻게 다루었는가, 즉 '어떻게 생각했느냐'이다.

소재, 즉 '무엇에 대해 생각했는지'는 실로 다양하며, 책에 여러 가지 이점이 된다. 다양한 경험적 소재, 즉 역사적 사실이나 자연계의 사실을 넓은 의미로 포착한 것이 그러하다. 그 독자성은 객체, 사물에 있으므로 저자가 누구든 책 자체가 중요해진다.

그에 비해 표현형식, 즉 '어떻게 생각했느냐'의 경우 독자성은 주체, 사람에 있다. 사색의 대상은 누구에게나 친근하고 잘 알려 진 것이어도 된다. 하지만 이 경우에는 저자가 어떻게 생각했는가 하는 파악의 형태가 중요하며 주체가 문제가 된다. 그러니 이런 책이 비할 바 없이 뛰어나다면 저자 역시 매우 뛰어난 자다. 읽을 만한 책이 쓰이고 그것이 소재의 덕을 덜 본 경우일수록, 즉 소재가 잘 알려진 진부한 것일수록 저자의 공적은 커지는 셈이다. 예를 들어 그리스의 3대 비극을 쓴 작가들[8]은 모두 같은 소재를 다

---

8. 고대 그리스의 3대 비극 작가는 아이스킬로스, 소포클레스, 에우리피데스를 말한다.

루었다.

그러므로 유명한 책이라면 그것이 소재 덕분인지 표현형식 덕분인지 잘 구별해야 한다.

평범한 인간이라도 그만이 손에 넣을 수 있었던 소재를 다루면 그 덕에 상당히 중요한 책을 내놓을 수도 있다. 가령 먼 이국의 묘사나 진기한 자연현상, 실험의 기록, 자신이 목격한 사건, 자료를 찾고 시간과 수고를 들여 연구한 역사의 기술 등이 그러하다.

이에 반해 누구나 잘 아는 친숙한 소재를 다룬다면 표현형식이 중요하다. 사색가가 그 소재에 대해 '어떻게 생각했느냐'에 따라 저서의 가치가 결정되는 경우에는 걸출한 두뇌의 소유자만이 읽을 만한 책을 내놓을 수 있다. 그밖의 대부분의 인간은 누구나 떠올릴 수 있는 생각밖에 하지 못하기 때문이다.

자신의 머릿속을 활자화해본들 그 정도의 원본은 누구나 머릿속에 가지고 있다.

하지만 일반 독자는 표현형식보다 소재에 훨씬 더 많은 관심을 기울이며 그런 탓에 좀처럼 교양을 갖추지 못한다. 문학 작품에 대해서도 그것을 탄생시킨 계기가 된 실제 사건이나 작가 본인의 사생활을 염두에 두고 작품에 큰 관심을 보이는 것은 실로 이상한 일이다. 결국 그런 이야기들이 작품 자체보다도 흥미를 불러일으켜, 괴테의 작품보다도 괴테에 관한 것을 더 많이 읽고, 《파우스트》보다 파우스트 전설에 대해 더 열심히 연구하게 된다.

이미 뷔르거[9]는 자신이 만든 발라드 〈레노레〉를 두고 독자들이 실제 레노레가 누구였는지에 관해 학술조사를 할 것이라고 말한 바 있는데, 이는 괴테에게서도 말 그대로 사실화되었다.《파우스트》와 파우스트 전설에 관한 학술연구는 이미 많이 이루어졌다. 이러한 학술연구는 늘 소재와 관련된 것에서 벗어나지 않는다. 표현형식을 돌아보지 않고 소재를 편애하는 것은 아름다운 에트루리아[10] 항아리의 형태나 색채에는 눈길도 주지 않고, 점토와 색의 화학성분을 조사하는 것과 같다.

소재의 덕을 보려는 나쁜 경향에 박차를 가하는 기획은 표현형식으로 작품의 가치를 따져야 하는 문학의 영역에서는 무슨 일이 있어도 배제해야 한다. 그럼에도 불구하고 소재를 이용해 극장에 관객을 동원하려는 나쁜 극작가들이 계속해서 등장한다. 그들은 유명인이면 누구든 무대에 주인공으로 세우고, 극 중에서 그 인물의 실제 인생이 발가벗겨져도 개의치 않는다. 때로는 주인공의

---

9. 고트프리트 아우구스트 뷔르거 (1747~1794) 독일의 시인. 발라드 〈레노레〉로 명성을 얻었다.

10. 이탈리아 중서부의 옛 이름. 에트루리아인은 기원전 8세기 무렵부터 건축, 청동기 등에서 뛰어난 예술작품을 남겼다. 〈에트루리아의 항아리〉라는 메리메의 소설도 있다.

주변인물들이 살아 있는데도 말이다.

여기서 논하고 있는 소재와 형식의 차이는 대화에서도 통용된다. 대화의 능력에는 우선 이해력, 판단력, 살아 있는 기지가 필요하며 그러한 특성이 대화의 묘미를 살린다. 그리고 대화의 소재, 즉 상대와 어떤 이야기를 나눌 것인가 하는 지식이 문제가 된다. 지식이 극히 빈곤하면 대화의 소재라는 점에서는 누구나 아는 세상사나 날씨 이야기 등에 한정되고, 앞에서 말한 특성들이 상당히 높은 수준일 때만 대화에 가치를 부여할 수 있다.

반대로 이러한 특성이 부족한 사람은 어떠한 지식으로 대화에 가치를 부여할 수밖에 없다. '바보도 자기 집 사정은 외지의 현자보다 더 많이 안다'는 스페인 속담처럼 대화는 완전히 소재에 의존하게 된다.


4

어떠한 사상의 본래의 숨결은 그것이 언어가 될동말동한 지점까지만 이어진다. 그 시점에서 사상은 화석이 되고 생명을 잃는다. 하지만 태고의 화석이 된 동식물과 마찬가지로 끝없이 보존된다. 사상 본래의 찰나의 생명은 수정(水晶)이 결정이 되는 순간에 빗댈 수 있다.

즉 사색이 언어를 찾아내는 순간 마음 깊은 곳에서 우러나오는 절실함과 엄숙함을 잃어버린다. 사색이 어떤 다른 것을 위해 존재하기 시작하면 우리 마음 안에서 살아가기를 멈춰버린다. 마치 태아가 모태로부터 분리되어 자신의 삶을 시작하듯이 말이다. 괴테도 이렇게 이야기했다.

그대들은 모순을 말하여 나를 혼란스럽게 하지 마라.
입에 담는 순간 우리는 벌써 헤매기 시작한다.
_괴테《잠언, 이의》


5

펜과 사색의 관계는 지팡이와 보행의 관계와 같다. 가벼운 발걸음으로 걸을 수 있다면 지팡이는 필요하지 않다. 이상적인 사색은 펜이 없어도 막힘없이 진행된다. 지팡이를 짚고 펜에 의지하게 되는 것은 늙기 시작하고부터다.


6

가설은 머릿속에서 생겨나 그곳에서 자리를 잡고 살아가는데,

그 삶은 유기체와 비슷하다. 외부세계로부터 자신에게 유익한 동질적인 것만을 섭취한다. 이질적이고 유해한 것은 아예 받아들이지 않거나, 어쩔 수 없이 받아들이게 되면 자신은 다치지 않은 채로 그것을 포위하여 괴멸시킨다.


7

풍자는 대수학과 마찬가지로 추상적이고 불특정한 수치를 향해야 하며, 구체적인 수치나 양을 갖춘 것을 향해서는 안 된다. 살아있는 인간을 해부해서는 안 되듯 풍자의 대상으로 삼아서도 안 된다. 이를 지키지 않는 자는 피부를 벗기는 형벌, 사형에 처해져야 한다.[11]

---

11. '대수학처럼 추상적이고 불특정한 수치'란 (x, y, z로 나타내는) 변수를 가리킨다. 반면에 '구체적인 수치나 양을 갖춘 것'이란 예를 들면 '소고기 500그램, 우유 1리터'처럼 구체적인 것을 뜻한다. 물론 살아 있는 인간은 후자에 해당한다. 살아 있는 사람을 풍자하는 자가 피부를 벗기는 것 같은 중형에 처해진다면, 타인의 몸에 가해지는 고통을 스스로도 알게 될 것이라는 의미다. 풍자하는 인간에 대한 이러한 경고, 위협의 기저에는 '남의 아픔을 제 몸의 아픔으로 받아들이라'는 쇼펜하우어의 깊은 뜻이 담겨 있다.

8

불멸의 명작이 되려면 많은 장점을 갖추어야 한다. 그 모든 것을 파악하고 평가하는 독자는 좀처럼 찾아보기 어렵지만, 그럼에도 항상 이런 장점은 이런 인물에 의해, 저런 장점은 저런 인물에 의해 인정받고 존중받는다. 때마다 다른 의미에서 존중받으며, 사람들의 관심사가 끊임없이 변하는 동안에도 수백 년에 걸쳐 작품의 명망이 유지된다.

하지만 후세에도 작품의 존속을 요구할 권리를 가진 이러한 작품의 저자는 드넓은 이 지상의 동시대인들 중에서 자신과 비슷한 사람들을 찾아도 지극히 두드러지는 차이로 인해 모두에게서 동떨어지는 고독한 인물인지도 모른다. 그는 영원한 유대인[12]처럼 몇 세대에 걸쳐 방랑하더라도 역시 같은 운명을 걷게 되리라. 요컨대 그에게는 '조물주는 그를 주조한 다음 거푸집을 깨뜨려 유례없는 것으로 만들었다 《성난 오를란도》 10, 84)라는 아리오스토[13]의 말이 실제로 적용된다. 그렇

---

12. '영원한 유대인'이란 형장으로 향하는 그리스도를 자신의 집 앞에서 쉬게 하지 못한 탓에 그리스도가 이 땅에 다시 올 때까지 지상을 유랑하도록 운명지어진 유대인 아하스베르를 의미한다. '미천한 유대인'이라고도 한다.
13. 루도비코 아리오스토 (1474~1533) 이탈리아의 시인. 장편 서사시 〈성난 오를란도〉는 르네상스기의 대표작이다.

지 않으면 다른 것들은 모두 사라져버리는데, 어째서 그의 사상만은 남게 되는지 설명되지 않는다.


9

어느 시대든 예술이나 문학은 근본적으로 잘못된 견해나 엉터리 수법과 주의가 유행하고 경탄을 받기도 한다. 평범한 두뇌의 소유자들은 이를 습득하고 이용하고자 애쓴다. 통찰력을 가진 자는 이를 꿰뚫어보고 경멸하며 유행에 휩쓸리지 않는다. 몇 년 후에는 일반 독자들도 진상을 알고 어리석은 행동의 정체를 인식하여 비웃는다. 질 나쁜 석고 세공품으로 장식된 벽에서 장식이 떨어져나가듯, 작은 세공에 힘을 쏟은 작품은 경탄의 대상이던 가루 장식이 떨어지면 이후로는 계속 무참한 모습을 드러낸다.

그러니 오랫동안 조용히 영향을 끼쳐온 근본적으로 그릇된 견해가 소리 높여 분명히 표명되더라도 화내지 말고 오히려 기뻐해야 한다. 사람들은 곧 잘못임을 느끼고 결국에는 공공연히 표명할 것이다. 고름이 터지는 것처럼 말이다.

10

평론지는 오늘날의 무책임한 삼류 문사의 글이나 점점 대량으로 쏟아지는 쓸모없는 나쁜 책에 대해 청렴결백하고 공정하면서 엄정한 태도로 판단하여 방파제 역할을 해야 한다. 글을 쓸 능력도 자격도 없는 자가 쓴 우스갯소리나, 그저 지갑을 채우기 위해 머리에서 짜낸 졸작이 전체 서적의 90퍼센트에 달한다.

평론지는 당연히 이것들을 가차 없이 비판하고, 쓰고 싶은 마음만으로 펜을 굴리는 사기행각 같은 매문 행위를 저지해야만 한다. 그런데도 저자나 출판업자와의 비열한 공모는 오히려 그런 것을 장려하며 독자의 시간과 돈을 빼앗고 있다.

글을 쓰는 대다수의 이들은 박한 급여와 대우 탓에 돈이 필요한 교수와 문사들이다. 그들은 같은 목적을 가졌고 이해관계도 일치하므로 단결하여 서로 지지하고 편을 든다. 형편없는 책을 칭찬하는 기사는 모두 여기서 유래한다. 평론지는 그런 서평으로 이루어져 있고, 그들의 모토는 '공존공영'이다(게다가 일반 독자들은 어리석게도 양서보다 신간서적을 읽으려 한다).

이러한 평론지 중에서 지금도 예전에도 형편없는 책을 칭찬한 적이 단 한 번도 없으며, 훌륭한 작품을 비난하거나 깎아내린 적도 없고, 교활하게도 하잘것없는 것처럼 취급하여 사람들의 이목이 비켜가도록 한 적이 없다고 할 것이 있는가. 소개할 책을 선택

할 때 친한 지인의 추천이나 동업자에 대한 배려, 출판사의 뇌물
에 기대지 않고 온전히 그 책이 가진 중요성에 근거하여 양심적으
로 행한 자가 있을까.

경험이 부족한 햇병아리가 아닌 다음에야 극찬을 받는 책, 심히 비
난받는 책을 보면 거의 자동으로 뒤에서 출판사의 입김이 작용하고
있다는 것을 알 수 있지 않을까. 서평이 독자를 위해서가 아닌, 출판
업자와 판매업자를 위해 쓰인다는 점에서는 일관성이 있다.

이에 반해 앞서 언급한 요구를 만족시킬 만한 평론지가 존재한
다면 엉터리 작가, 지성이 부족한 편람자, 타인의 저서를 표절하
는 사람이나 알맹이가 없이 무능하며 일자리를 찾기에만 급급한
사이비 철학자, 애매한 표현밖에 하지 못하는 허세로 가득한 시
인에게 있어 본보기가 될 만한 심판대를 바라보는 것과 같으리
라. 틀림없이 곧 자신의 졸작이 심판대에 오른다고 생각하면 글
을 쓰고 싶어서 근질거리던 손가락이 마비될 것이다. 악서는 도
움이 되지 않을 뿐 아니라 분명한 해를 끼치므로, 이러한 평론지
가 있다면 문단의 진정한 구세주일 것이다.

그런데 오늘날 대부분의 서적은 악서이며 차라리 쓰이지 않는 편이
나았을 것이라 생각된다. 그런 책을 쉽게 칭찬해서는 안 될 일이다.
마침 현대에는 대인관계를 의식하여 '친구가 되어 칭찬하라. 그러면
그대가 그 자리에 없어도 칭찬받으리니' (호라티우스[14] 〈풍자시〉 2, 5, 72)라

는 금언에 감화되어 웬만한 일이 아니면 깎아내리지 않으려 한다.

　사회에서는 곳곳에 자리한 우둔하고 무능한 사람들에게 관용을 베풀어야 하지만, 이 관용의 정신을 문필의 세계에도 그대로 적용하려는 것은 잘못되었다. 왜냐하면 문필의 세계에서 그들은 뻔뻔한 침입자이며, 악을 거부하는 것은 선에 대한 의무이기 때문이다. 아무것도 악이라고 여기지 않는 자에게는 선도 존재하지 않는 법이니 말이다.

　애초에 사회생활의 산물인 사교적 예의가 문필의 세계에서는 이질적인 데다 종종 극히 유해한 요소가 된다. 나쁜 것을 좋다고 말하게 하는 사회생활의 예의 때문에 학문과 예술의 목적이 저해받기 때문이다. 물론 내가 바라는 평론지에서는 성실하고 청렴결백하며, 보기 드문 지식과 비할 바 없는 판단력을 겸비한 인물이 글을 써야 한다. 따라서 독일 전체에서도 기껏해야 한 군데 정도 있을 법하다. 지극히 고도의 수준이지만 한번 성립하면 공명정대한 최고 법정으로서 존재감을 발할 것이며, 만인 가운데서 선택받은 인물로 구성될 것이다. 하지만 현재의 평론지는 대학의 동업인 조

---

14. 퀸투스 호라티우스 플라쿠스 (기원전 65~기원전 8) 웨르기우스와 어깨를 나란히 한다고 칭해지는 고대 로마의 시인. 완벽한 기교와 우아한 시풍으로 유명하다. 대표작 〈풍자시〉, 〈가집〉, 〈서간시〉 등이 있다.

합이나 문사의 파벌, 여기에 조용히 출판업자와 판매업자가 가담하여 서적 출판과 판매 이익을 위해서 운영되고 있다. 선(善)이 빛을 보지 못하도록 부족한 사람들끼리 동맹을 맺고 있다.

이제 문필의 세계만큼 부정이 판치는 곳은 없다. 나의 저서《자연에서의 의지에 대하여》22쪽(3권, 336쪽)에서 상세히 다루었는데, 이에 대해서는 괴테 역시 지적한 바가 있다.

무엇보다도 글을 쓰는 자들의 악행의 방패가 되고 있는 익명성이 폐지되어야 한다. 평론지가 익명성을 채택한 구실은 독자에게 경고하는 정직한 비평가를 저자나 그 후원자들의 원망으로부터 보호한다는 것이었다. 그런데 이런 종류의 사례가 한 건 있다면, 자신의 말에 책임을 지지 못하는 자가 여러 책임을 피하기 위해 익명을 쓰는 경우나, 돈만 받으면 시키는 대로 하는 비열한 자가 출판업자로부터 술값을 벌고자 독자들에게 악서를 권장하는 파렴치한 행위를 숨기기 위해 익명을 이용하는 경우는 백 배는 더 있을 것이다. 또한 익명은 그저 비평가의 흐린 두뇌, 무가치함과 무능함을 감추는 데도 이용된다. 믿기 어렵지만 익명의 그늘 아래서 신변의 안전이 보호되면 그들은 무례하게도 어떤 악행도 저지른다.

세상에 만병통치약이라는 것이 있듯이 악서를 칭찬하든 양서를 비난하든 어떤 익명의 비평가에게도 통하는 만능퇴치약이 존재한다. '무뢰한이여, 네 이름을 대라. 얼굴을 드러내고 당당히 걷는 자에게 복면으로 변장하여 갑자기 덮치는 행위는 제대로 된 인간이 할 짓이 아니다. 악인, 불량배나 할 법한 일이다. 자, 무뢰한은 네 이름을 대라.' 이것으로 효력이 검증된다.

　루소는 〈신엘로이즈〉의 서문에서 '명예심을 가진 자는 모두 자신이 쓴 글 아래에 서명을 한다'고 썼다. 이를 뒤집어 이렇게 말할 수도 있다. '자신이 쓴 글 아래에 서명을 하지 않는 자는 명예심이 없는 자다' 라고 말이다. 이는 공격적인 문서에 해당되며, 대개의 비평이 그러하다. 그러므로 리머[15]가 《괴테에 대하여》(서문 29쪽)에서 한 말은 옳다. '서로 얼굴을 마주하고 솔직하게 발언하는 상대는 명예심을 가진 온건한 인물이다. 그런 사람과는 서로 이해하고 소통하며 화합할 수 있다. 반면에 뒤에서 수군거리는 인간은 겁이 많은 비열한이며 자신의 판단을 공언할 용기조차 없다. 자신의 생각 따위는 아무래도 상관없이, 이름을 숨긴 채 비난받지 않고 울분을 해소하며 득의양양하게 웃는 것이 중요할 뿐이다.' 이는 괴테의 의견이기도 했다. 괴테의 의견은 대체로 리머의

---

15. 프리드리히 빌헬름 리머 (1774~1845) 문헌학자. 1814년부터 괴테의 비서로 일했으며, 1841년부터는 바이마르의 도서관 사서로 일했다.

보고에 그대로 인용되고 있다.

대체로 루소의 이 규범은 인쇄물의 어느 행에든 적용된다. 복면을 쓰고 정체를 밝히지 않는 인간이 민중을 대상으로 혀를 놀리고 집회에서 연설을 한다면, 심지어 타인을 공격하고 비난을 퍼부으려 한다면 용서받을 수 있겠는가. 그런 자는 당장에 청중의 발길질을 당할 것이고 서둘러 퇴장할 수밖에 없지 않을까.

독일에서는 힘들게 언론 출판의 자유를 획득하자마자 그것이 파렴치하기 짝이 없을 만큼 남용되고 있다. 하지만 적어도 익명과 가명을 모두 금지하고 이러한 남용에 제동을 걸어야만 한다. 인쇄라는 널리 퍼질 수 있는 메가폰을 들고 대중에게 호소하는 자들은 모두 적어도 명예로운 마음이 있다면 자신의 명예를 걸고 책임을 져야 한다. 그리고 명예심이라고는 찾아볼 수 없는 자들의 익명과 가명에 의한 발언은 무효화해야 할 것이다. 이름을 밝히고 집필하는 이를 익명으로 공격하는 것은 부끄러운 짓이다.

익명의 비평가는 타인과 타인의 작업물에 대해 공표하거나 감추면서도 스스로 책임을 지지 않으려고 이름을 밝히지 않는 자다. 이런 것을 가만히 참고 있으라는 것인가. 익명의 비평가가 하는 새빨간 거짓말만큼 뻔뻔스러운 것이 있으랴. 그들은 무책임하다. 많은 익명의 비평가들은 기만을 목표로 하고 있다. 그러니 경찰은 복면을 쓴 채로 거리를 활보하는 행위를 허용하지 않듯이 익명의 글을 간과해서는 안 된다.

익명으로 글을 발표하는 평론지는 애당초 무학이 학식을, 무지가 분별력을 재판해도 처벌받지 않는 무법지대이며, 일반 독자를 속이고 악서를 칭찬하여 그들의 시간과 돈을 사취할 수 있는 곳이다. 익명은 글을 쓰는 이들, 특히 저널리즘의 온갖 악행의 견고한 성채가 아닌가. 이 성채는 뿌리째 뽑아 없애버려야 한다. 즉 어떤 신문기사라도 편집자의 중대한 책임하에 집필자의 이름과 공정한 서명이 실려야만 한다. 그렇게 하면 별 볼 일 없는 자의 주소까지 알려지게 되니, 거짓된 신문기사의 3분의 2는 사라지고, 뻔뻔스러운 독설도 제한될 것이다.

프랑스에서는 마침 이 문제를 검토 중이라고 한다. 하지만 이러한 익명금지령이 존재하지 않는 한, 성실한 저자들은 일치단결하여 익명성을 추방해야 한다. 공공연하게 매일같이 그런 짓을 극단적으로 경멸한다고 표하여 탄핵하고, 온갖 수단을 동원하여 익명의 비평이 비열하고 부끄러움을 모르는 행위임을 널리 알려야 한다. 익명으로 글을 쓰고 논란을 일으키는 자는 일반 독자를 기만하고 자신은 아무런 위험도 없이 타인의 명예를 훼손하려 한다는 혐의를 받아도 어쩔 수 없다. 그러니 익명의 비평가를 언급할 때는 비난할 뜻이 없이 단순히 그냥 언급할 때라도 '익명의 비겁한 비평가 모 씨', '모 잡지에서 정체를 숨긴 익명의 무뢰배' 등의 수식어를 붙여야 한다. 이것은 그러한 자들로 하여금 제 밥벌이에 염증이 나도록 하는 실로 적절하고 에티켓을 갖춘 문장 스타일이다.

왜냐하면 정체를 밝히고 타인과 마주하는 경우에만 누구나 자신을 존중해줄 것을 요구할 수 있기 때문이다. 변장하고 복면을 쓴 상태로 몰래 다가와 남에게 피해를 주는 자에게 그런 권리는 없다. 권리는커녕 그런 행동 탓에 법의 보호도 받지 못한다. 그런 자는 오디세우스의 우티스[16], 즉 '아무도 아닌' '무명씨'이며, 누구든 무명씨는 무뢰한이라고 공언해도 된다. 그러니 익명의 비평가를 대상으로 반론할 때는 비겁한 악당, 무뢰한이라는 호칭으로 논해야지, 그들에게 모욕당한 몇몇 작가들처럼 겁을 먹은 양 '존경하는 비평가님'이라고 불러서는 안 될 일이다. 모든 성실한 작가들은 그들을 향해 구호처럼 '이름을 대지 않는 무뢰한'이라 칭해야 한다. 언젠가 누군가가 공을 세울 때, 즉 채찍의 형벌을 받을 무뢰한의 복면을 벗기고 그의 귀를 잡아당길 때 밤 올빼미[17] 같

---

16. 오디세우스는 호메로스의 장편 서사시 〈오디세이아〉의 주인공이다. 그를 사로잡은 외눈박이 거인 큐크로프스가 이름을 물었을 때 '우티스Nobody'라고 대답했다.
17. 올빼미는 지혜와 학문을 상징한다. 여기서 '밤 올빼미'는 늦게까지 깨어 있으면서 학문이나 지적인 일에 종사하는 사람의 메타포이기도 하다.

은 녀석을 보고 사람들은 대낮에도 커다란 환호성을 지를 것이다.

험담이나 비방을 들으면 사람들은 대개 '누가 그런 소리를 했지?' 하고 분노를 폭발시킨다. 하지만 익명의 무뢰배들은 물음에 대답하지 않고 모르는 척을 한다.

이러한 익명 비평가의 특히 어리석고 뻔뻔스러운 언동은 그들이 마치 국왕처럼 1인칭 복수 'Wir(우리)'[18] 라는 용어를 쓴다는 점이다. 그들은 1인칭 단수형으로 써야 할 뿐만 아니라 '소생'이라는 축소의 표현, 아니 자신을 낮추는 형태의 표현을 써야 한다. 예컨대 '하잘것없는 나', '교활하고 비겁한 나', '복면을 쓴 무능한 나', '미천한 나'처럼 말이다. 그것은 '사람들 눈에 띄지 않는 시골 문예신문'의 어두운 구멍을 통해 스르륵 드나드는 발 없는 도마뱀 같은 무리, 이제 그만 악행에서 손을 씻어야 할 복면의 사기꾼들에게 어울리는 수식어다.

글쟁이들의 세계에서 익명은 시민 공동체에서 금전 사기를 치는

---

18. 독일의 저서나 강연에서는 1인칭 단수형 'ich(나)'의 대용으로 1인칭 복수형 'wir(우리)'가 쓰인다. 복수형을 사용함으로써 독자, 청중을 끌어들이는 것이다. 대문자를 사용해 'Wir'는 황제나 왕후가 자신을 칭하는 표현으로도 쓰이므로, 쇼펜하우어는 소문자로 'ich'라는 1인칭 단수형을 써야 한다고 했다. 복면을 쓴 글쟁이 주제에 국왕이라도 되는 양 'Wir'를 쓰는 것은 우습다며 비꼬았다.

행위와 같다. '이름을 밝혀라, 사기꾼아. 그러지 않으려거든 침묵을 지켜라' 하고 외치는 수밖에 없다. 서명이 없는 비평에 대해서는 즉시 '사기꾼'이라는 말을 덧붙여도 된다.

이런 생업은 돈은 벌게 해주지만 명예를 가져다주지는 않는다. 공격을 일삼는 익명씨는 말할 것도 없는 비열한이며 이름을 드러내지 않는 것은 대중을 기만하려는 마음 때문이다. 다만 익명의 저서에 대해서는 익명으로 비평할 권리가 주어진다. 애당초 익명을 철폐하면 여러 저자들의 악행 중 99퍼센트는 사라질 것이다.[19] 이러한 돈벌이가 단속될 때까지 우리는 기회가 있을 때마다 핵심 인사 (익명의 비평협회 회장 및 수뇌부)를 따라다니며 그들의 일용 노동자인 익명의 비평가가 저지른 죄의 직접적인 책임을 단호히 물어야 한다.

---

19. (원주) 익명의 비평가는 처음부터 남을 속이려고 계획한 사기꾼이라 보아야 한다. 제대로 된 문예신문의 비평가가 다들 서명을 하는 것은 본능적으로 그렇게 해야 한다고 느끼기 때문이다. 익명의 비평가는 독자를 무시하고 저자의 명예를 훼손하려고 한다. 독자를 속이면 대개의 출판업자와 판매업자가 이득을 본다. 또 저자를 중상모략하면 그들 자신의 질투심이 해소된다. 요컨대 익명 비평이라는 문필 세계의 악행은 사라져야만 한다.

우리의 정당성을 단호히 인정하게 해야 할 것이다.[20] 내 심정으로는 도박장이나 매춘업소와 마찬가지로 익명 비평의 소굴을 단속했으면 싶다.


## 11

문체는 저자의 얼굴이다. 정신의 관상이 새겨져 있다. 이는 육체의 얼굴보다 더 분명히 구별된다. 타인의 문체를 모방하는 것은 가면을 쓰는 일이다. 가면은 아무리 아름다워도 생기가 없는 탓에 금세 식상하고 질리게 된다. 못생겨도 생기 있는 본래의 얼굴이 낫다.

---

20. (원주) 익명의 비평가가 저지른 죄에 대해서는 편집자 자신이 쓴 대로, 편집자에게 직접 책임을 물어야 한다. 이는 제자가 일을 엉망으로 했을 때 스승이 책임을 지는 것과 동일하다. 그런 일을 하는 작자들은 코웃음을 쳐주면 될 일이다. 익명을 쓰는 자는 문필 세계의 악당이다. 당장이라도 "이 악당아! 남을 욕하면서도 제가 한 짓이라고 인정할 생각이 없다면, 중상모략하는 그 입을 다물라!"고 퍼부어주어야 한다. 익명 비평은 익명의 편지만큼이나 가치가 없으니 말이다. 그런 글은 익명의 편지를 대할 때처럼 불신의 눈으로 바라보아야 한다. 그러지 않으면 익명의 비평가를 정직하다고 인정하고 익명협회 회원으로 용인하는 꼴이 되지 않겠는가. 그런 일은 결코 있어서는 안 된다.

그래서 고대인의 문체를 모방하여 라틴어로 글을 쓰는 작가도 실상 가면을 쓴 것과 같다. 그들의 말은 과연 그럴 듯하게 들리지만, 저자의 얼굴, 즉 문체는 보이지 않는다. 하지만 스스로 사고하는 사상가가 라틴어로 쓴 글에서는 그들의 얼굴이 보인다. 가령 스코투스 에리우게나[21], 페트라르카[22], 베이컨, 데카르트, 스피노자, 홉스[23] 등의 글은 선인을 모방하는 데서 만족하지 않았다. 거드름을 피운 문체는 인상을 찌푸린 얼굴과 같다.

어떤 언어로 쓰여 있어도 각각의 국민의 관상이 드러난다. 그리스어에서부터 카리브 연안의 언어에 이르기까지 실로 큰 차이가 있다. 타인의 저서를 보고 문체의 어려움을 느꼈다면 자신이 글을 쓸 때 같은 전철을 밟지 않도록 해야 한다.

---

21. 요하네스 스코투스 에리우게나 (810년 경~877년 경) 9세기 최대의 철학자. 스콜라철학의 선구자로 《예정론》, 《자연구분론》 등을 집필하였다.
22. 프란체스코 페트라르카 (1304~1374) 이탈리아 르네상스기의 시인이자 인문학자. 라울라라고 불리는 여성에게 바친 연애서정시집 〈칸초니에레〉 외에도 〈아프리카〉, 〈나의 비밀〉 등의 작품이 있다.
23. 토머스 홉스 (1588~1679) 영국의 철학자이자 정치사상가. 유물론, 기계론적 자연주의의 입장에 섰다. 국가는 계약을 통해 형성된다고 하였으며, 평화를 얻기 위해 절대왕정의 설정을 추구했다. 《리바이어산》, 《철학원론》 등을 집필하였다.

12

　정신의 산물, 저작의 가치를 마주하고 평가하는 데 반드시 저자가 '무엇에 대해', '무엇을' 생각했는지 알 필요는 없다(그러려면 저자의 작품 전체를 통독해야 한다). 우선 그가 '어떻게' 생각했는지를 알면 충분하다. '어떻게' 생각했느냐, 즉 사색의 뿌리에 자리한 특징과 일관된 품질을 정확히 옮긴 것이 문체이기 때문이다. 문체는 저자의 모든 사상의 외형적인 특징이며, '무엇을' '무엇에 대해' 생각했던 간에 늘 같을 것이다. 이는 말하자면 어떤 모양으로도 빚어낼 수 있는 빵 반죽과도 같다.

　중세 민중서에 등장하는 장난꾸러기 오일렌슈피겔[24]은 '다음 마을까지 시간이 얼마나 더 걸릴지' 묻는 사람에게 '일단 걸어보세요' 하고 얼핏 부적절해 보이는 대답을 했다. 이는 질문한 사내의 걸음걸이를 보고 일정한 시간 내에 얼만큼 갈 수 있을지 가늠해보기 위함이었다. 나 역시 그런 식으로 저자의 작품을 두세 페이지 읽어보면 자신에게 얼마나 도움이 될지 짐작이 간다.

---

24. 틸 오일렌슈피겔은 16세기 초반에 성립한 독일 민중서적의 주인공이다. 기지와 해학이 뛰어나며 스승, 공직자, 귀족 등을 희롱한 편력가. R. 슈트라우스는 그를 소재로 교향시 〈틸 오일렌슈피겔의 유쾌한 장난〉을 썼다.

이런 사정을 조용히 알아차린 평범한 저자는 대체로 자신이 가진 본래의 문체를 위장하려고 한다. 그래서 가장 먼저 소박함을 단념하지 않을 수 없다. 천의무봉은 탁월한 정신의 소유자, 자신이라는 존재를 자각하고 확신을 갖고 행동하는 인물의 특권이다. 평범한 두뇌의 소유자는 자신이 생각한 바를 그대로 써내려갈 마음을 먹지 못한다. 그렇게 했다가는 별 볼 일 없는 결과물이 될 것임을 아는 까닭이다.

그렇지만 다소의 성과를 내는 경우도 있다. 한결같이 진지하게 작업에 임하고, 미미하고 흔해빠진 것일지라도 그들이 실제로 생각한 바를 있는 그대로 전달했을 때가 그러하다. 그렇게 하면 읽을 만한 책, 분수에 맞는 세계에서 나름대로 유용한 책이 될 수 있다. 하지만 그들은 그리하지 않고, 실제보다 훨씬 많이, 깊이 생각한 것처럼 보이고자 애쓴다.

그 결과 말해야 하는 내용을 부자연스럽고 어려운 표현이나 신조어, 장황한 문장으로 나타낸다. 무엇을 생각한 것인지 알 수 없게 감추려고 복잡한 구조의 장황한 문장을 쓰는 것이다. 즉, 자신의 생각을 열심히 전달하려는 동시에 열심히 감추려고 하며 그 사이를 우왕좌왕하는 셈이다.

그들은 자신이 생각한 것에 표면적으로 손을 보아 박학하다, 깊이가 있다는 식의 명성을 손에 넣고 싶은 것뿐이다. 독자가 책을 읽고 알아낸 것보다 훨씬 많은 것이 이면에 숨겨져 있는 것처럼 보이기를 바란다. 따라서 그들은 때때로 그 사상을 짧고 다의적이며 역설적인 잠언의 형태로 내놓는다. 그런 잠언은 실제 의미보다도 훨씬 많은 것을 암시하는 듯이 보인다(이런 종류의 훌륭한 예가 셸링[25]의 자연철학 저술이다).

또 어떤 때는 열변을 토하며 자신의 생각을 논하는데, 견디기 힘이 들 정도로 장황하여 그 깊고 원대한 뜻을 이해하기 위해 대단한 준비가 필요하지 않을까 싶기도 하다. 하지만 그 실체는 우연으로라도 떠오르지 않을 착상에 지나지 않아서 속된 인기조차 얻지 못한다(피히테[26]가 쓴 대중적인 글이나 이름을 거론할 가치도 없는 한심하고 어리석은 자들이 쓴 철학 교재 등, 그 예는 얼마든지 있다).

---

25. 프리드리히 빌헬름 요제프 폰 셸링 (1775~1854) 독일의 철학자. 괴테의 알선으로 23세에 예나대학교의 교수가 된다. 이후 몇몇 대학을 거쳐 1841년에 베를린대학교에 초빙된다. 독일 관념론에서 출발하였으나, 칸트나 피히테의 반성을 통한 철학과 달리 신비적 직관에서 진리의 근거를 찾으려 했다. 존재와 지식의 동일성을 근본으로 두고 동일철학을 구상했다. 《자연철학의 이념》, 《계시의 철학》 등의 저서가 있다.
26. 요한 고틀리프 피히테 (1762~1814) 독일의 철학자. 무신론 논쟁으로 예나대학교의 교직을 잃는다. 1810년 이후 베를린대학교의 교수로 강단에 섰다. 자아를 유일하고 절대적인 원리로 간주함으로써 이원론적인 칸트 철학의 통일을 시도하였다. 그 사상은 윤리적이고 실천적인 경향이 강했으며, 나폴레옹 점령하의 베를린에서 행한 '독일 국민에게 고함'이라는 강연은 유명하다. 《모든 지식학의 기초》 등의 저서를 남겼다.

혹은 제멋대로 이런 것이야말로 고급스런 문체라고 여기고 쓰는 경우도 있다. 가령 치밀하고 학술적인 글쓰기에 온 힘을 다하였지만, 빈곤한 사상과 복잡하게 이어진 문장 구조의 마취작용 탓에 독자는 죽을 만큼 고통 받는다(특히 전 인류 중 가장 후안무치한 헤겔[27] 학파 철학자들이 발간하는 헤겔 정기 통신, 이른바 〈학술 연구 연감〉이 그 예다). 또는 재기 넘치는 문장 스타일을 추구했지만 그저 글을 쓸 때 제정신이 아니었나 싶은 느낌만 주고 끝나는 등이다. '태산명동에 서일필'(호라이티우스 〈시론〉 139)이 라는 말도 있듯이, 이리저리 궁리하여 문장을 애써 늘리려 하는 탓에 정작 무슨 말을 하고 싶은 것인지 알아내기 어려울 때가 많다. 게다가 말을 이어 붙여 복잡한 구조의 문장을 써대는 데다, 제 스스로는 아무 생각도 하지 않았으면서 다른

---

27. 게오르크 빌헬름 프리드리히 헤겔 (1770~1831) 독일의 철학자. 세계의 모든 상을 자기부정으로부터 통합으로 전개시키는 절대자의 자기실현 과정(변증법)으로 받아들였다. 이를 통해 자연과 역사, 정신 등 모든 현상을 설명하는 체계적 철학을 구축했다. 사물과 마음, 주와 객을 지양하는 이념을 중심으로 하므로, 그 사상은 절대적 관념론이라 불린다. 피히테 후임으로 1818년에 베를린대학교 교수로 취임한다. 헤겔 철학은 프로이센을 중심으로 독일 전역을 풍미하였으며, 헤겔학파가 형성되어 27년부터는 〈학술비평연감〉이라는 기관지를 펴내고 있다. 역사적으로는 피히테의 주관적 관념론과 셸링의 객관적 관념론의 대립을 절대적 주체인 정신을 통한 절대적 관념론으로 풀었고, 독일 관념론(이상주의) 철학을 완결시켰다. 이후 마르크스주의나 실존주의 등 현대 사상에 큰 영향을 주었다. 《정신현상학》, 《논리학》, 《법철학 강요》 등의 저서가 있다.

사람이 알아서 생각해줄 것이라며 제 편한 식으로 기대한다.

이러한 노력은 모두 글이 막히는 것을 견디지 못하고 이런저런 수를 써서 사상 대신 말이라도 팔아보려는 계략과 다름없다. 뼈 아플 정도로 부족한 두뇌를 메우려고 신조어, 새로운 의미로 사용되는 용어, 각종 관용구와 합성어를 이용해 지성을 가진 이처럼 보이고자 애쓴다.

이 목적을 위해 현자로 위장하는 가면을 쓰고 온갖 수법을 시도하는 모습은 꽤 볼만하다. 얼마 동안은 경험이 부족한 사람들을 속일 수 있겠지만, 생기 없는 가면임이 들통나면 웃음거리가 되는데, 이때는 또 다른 가면으로 바꿔 쓴다. 그래서 글을 쓰는 사람들은 술에 취해 찬가를 부르는 듯하다가도 다음 장에서는 거룩하고 엄숙하며 철저한 학자가 되고, 결국에는 어딘가 불편한 사람처럼 복잡한 말을 늘어놓는다. 마치 현대적인 의상을 걸쳤지만 지금은 죽고 없는 크리스티안 볼프[28]처럼 된다.

그런데 가장 오래 가는 것은 '이해되지 않는 글'이라는 가면이

---

28. 크리스티안 볼프 (1679~1754) 독일 계몽기의 지도적 철학자. 독일 최초로 학파가 형성된 인물로, 라이프니츠 볼프학파는 18세기 후반 독일 사상의 주류를 형성했다. 그의 체계는 라이프니츠 철학의 스콜라적인 조직화였으나, 그의 모나드론과 예정조화설은 라이프니츠의 주장을 왜곡한 것이라 평가받는다.

다. 오직 독일에만 있는 그 가면은 피히테가 도입하고 셸링이 갈고닦은 후 마침내 헤겔에 의해 정점에 도달했다. 그 가면은 언제나 대성공을 거두었다. 그런데 아무도 이해할 수 없도록 글을 쓰는 것처럼 쉬운 일은 없으며, 반대로 중요한 사상을 누구나 이해할 수 있게 표현하는 것만큼 어려운 일도 없다. '불가해성'은 어둡고 우매한 것과 통한다. 마치 이면에 심오한 뜻이라도 있는 듯이 연막을 치면 정말로 그렇게 보이기도 한다. 그러나 앞서 말한 여러 기술은 진정한 현자에게는 필요하지 않다. 진정한 지성의 소유자라면 있는 그대로의 자신을 보여도 되며, 호라티우스의 다음 잠언은 언제나 옳다고 인정받는다.

올바른 글을 쓰려면 현명해야 한다.
_호라티우스《시론》309

하지만 현자인 양 꾸미는 사람들은 영원히 무엇과도 바꿀 수 없는 황금을 대신할 것을 만들어내고자 수백 가지의 다른 물질을 합성해보는 연금술사 같다. 그런데 오히려 반대로 본인이 가진 것보다 더 많은 정신성을 보이려는 작태야말로 글을 쓰는 사람이 조심해야 할 점이다. 왜냐하면 본디 인간은 실제로 갖지 못한 것을 가진 척하는지라, 독자로 하여금 사실 정신성 따위는 거의 존재하지 않는 것 아니냐는 의심을 불러일으키기 때문이다.

그러니 어떤 저자가 소박하다는 이야기를 듣는다면 이는 칭찬이다. 이는 그가 자신을 있는 그대로 보여주고 있음을 뜻한다. 아무튼 소박함은 매력을 끈다. 반면에 부자연스러움은 왠지 모르게 불편함을 느끼게 만든다. 또한 진정한 사색가는 자신의 사상을 되도록 순수하고도 명쾌하게, 확실하고도 간결히 표현하고자 노력한다. 단순함은 언제나 진리의 특징일 뿐만 아니라 천재의 특징이기도 했다. 사이비 사상가처럼 문체로 사상을 아름답게 꾸미는 법 없이, 사상이 문체에 아름다움을 부여하는 것이다. 문장이 명료하지 않거나 뜻을 비켜가는 것은 생각 자체가 흐리멍덩하고 뒤죽박죽이기 때문이다.

좋은 문체의 첫 번째 규칙, 그 자체만으로 거의 충분하다고 할 수 있는 규칙은 바로 '무언가 말하고 싶은 것이 있어야 한다'는 사실이다. 그것만 있으면 해볼 만하다. 그런데 독일의 철학자, 소위 성찰한다는 저술가들은 이를 소홀히 하고 있다. 특히 피히테 이후로 그런 특징이 두드러진다. 이러한 저술가들에게서 공통적으로 보이는 점은 무엇 하나 주장할 것이 없는데도 '마치 있는 듯 보이려 한다'는 것이다. 대학의 사이비 철학자들에 의해 도입된 이러한 수법은 곳곳에서 보인다. 심지어 당대의 일류 저술가에게서도 목격할 수 있다. 이런 수법은 불확실하고 애매한 다의적인 문체, 또한 장황하고 딱딱한 문체, 쓸데없는 말을 늘어놓는 문체, 결국에는 덜컹이는 물레방아처럼 귀를 괴롭히는 잡담으로 고통스러우리만치 빈곤한 사상을 은폐하려는 문체까지 모든 문장 스타일을 만들어내는 원천이다. 그런 문장을 몇 시간씩 읽어도 이거다 싶은 명확한 사상은 찾을 수 없다. 저 악명 높은 〈할레 연감〉, 훗날의 〈독일 연감〉은 거의 이런 수법의 대표적인 예다.

무언가 주장할 만한 가치 있는 사상을 가진 자는 허세스러운 표현이나 어려운 문구, 애매함으로 얼버무릴 필요가 없다. 그저 간단하고 분명하게 말할 수 있고, 바라던 효과가 나올 것이라 확신할 수 있다. 그러니 이런 수법을 쓰면 저자의 사상과 정신, 지식의 빈곤함이 들통난다. 어느새 독일인은 저자가 본래 무엇을 말하려고 했는지는 안중에도 없이 온갖 미사여구가 담긴 페이지를 넘기는 데 익숙해졌다. 잘 알지도 못하면서 문제시하지 않고 저자가 그저 쓰기 위해 쓴 것임을 간파하지 못한다.

그에 반해 풍부한 사상을 지닌 훌륭한 저자는 금세 독자의 신뢰를 얻는다. 이 저자가 이야기할 때는 언제나 진지하게 '주장하고 싶은 것이 있다'고 믿으며, 사려 깊은 독자가 세심한 주의를 기울이며 끈기 있게 그의 말을 따라간다. 이런 저자가 항상 더없이 쉽고 분명하게 자신의 생각을 논하는 것은 실제로 말하고자 하는 바가 있기 때문이다. 그가 지금 가지고 있는 생각을 독자에게도 일깨우는 것이 중요하기 때문이다. 따라서 이런 저자는 부알로[29]의 말에 동의할 것이다.

> 나의 사상은 항시 밝은 대낮에 모습을 드러내고,
> 나의 시구는 좋든 나쁘든 항시 무언가를 말한다.
> _부알로 〈세느레이 후작에게 보내는 서한〉 9

반면에 앞서 언급한 온갖 수단을 이용하는 저자들에 대해서도 부알로의 '쓸데없이 말이 많은 자는 결코 아무것도 말하지 않는다'라는 글이 적용된다. 이들은 언제나 궁지에서 빠져나갈 수 있도록 되도록 분명한 표현을 피하는 특징이 있다. 그러니 어떤 경우라도 더 추상적인 표현을 선호한다. 반면에 현자는 보다 구체적인 표현을 쓴다. 왜냐하면 구체적인 편이 모든 일을 명백하게 하는 원천인 직관성으로 이어지기 때문이다.

글을 쓰는 이들의 추상적인 표현에 대한 편애는 실로 많은 예를 통해 입증된다. 특히 우스꽝스러운 것은 독일의 글쟁이들이 최근 10년 동안 '일으키다', '~의 원인이 되다'라고 써야 할 때 '유발하

---

29. 니콜라 부알로 (1636~1711) 프랑스의 시인이자 비평가. 저서로 《풍자시》, 《시론》이 있다.

다'라는 표현을 쓴다는 사실이다. 더 추상적이고 막연한 '유발하다'를 이용하면 의미가 약해지므로(즉 '이것 때문이다'라고 말하지 않고 '이것 때문이 아닌 것은 아니다'라고 한다) 언제든 달아날 길을 마련해두는 셈이다. 자신들의 무능함을 의식하고 모든 분명한 표현을 쓰는 것에 항상 두려움을 느끼는 무리가 선호하는 수법이다.

그런데 여기에 국민 특유의 기호가 영향을 주고 있는 면도 있다. 독일인은 글을 쓸 때는 우둔함을 모방하고 생활 전반에서는 무례함을 금세 배워버린다. 그 증거로 우둔함과 무례함이 곳곳으로 퍼진다. 그에 반해 영국인은 무언가를 쓸 때도 행동할 때도 제 자신의 판단을 중시한다. 반대로 독일인만큼 자신의 판단을 가볍게 여기는 사람들도 없다. 이러한 연유로 '일으키다', '~의 원인이 되다'는 지난 10년 동안에 문어(文語)에서 자취를 감추고, 어디에나 '유발하다'만 가득해졌다. 이것은 독특한 우스움 때문에라도 언급할 만하다.

평범한 두뇌의 소유자들이 쓴 저작물이 알맹이가 없고 지루한 것은 그들이 언제나 흐리멍덩한 의식으로 쓴 제 글의 의미를 제대로 이해하지 못하기 때문인지 모른다. 그들은 습득하여 익힌 완성된 표현을 채택한다. 그래서 한 자 한 자 형성하는 것이 아니라 정해진 문구(틀에 박힌 우회적 문장)를 이어 붙인다. 글쓴이의 명확하고 뚜렷한 사상이 드러나지 않는 것은 그러한 까닭이다. 즉, 그들에게는 자신의 명쾌한 생각을 찍어낼 틀이 없는 것이다. 대신 불명확하고 애매한 언사를 그물처럼 펼쳐두고 흔한 상용구, 오랫동안 사용되어온 우회적 표현이나 유행어를 이용한다.[30] 그래서 그들의 흐릿한 저작물은 낡아버린 활자로 찍어낸 인쇄물과 같다.

이에 비해 현자의 저작은 진정으로 우리에게 말을 걸어온다. 우리를 고무시키고 즐겁게 해줄 수 있다. 그들만이 충분히 의식하여 표현 하나하나를 의도적으로 선택하고 조합할 수 있다.

그러니 그들이 현상을 말하는 방식과 평범한 저자의 방식을 비교하면, 실제로 그린 그림과 틀에 찍어낸 그림만큼이나 차이가난다. 다시 말해 정신을 겸비한 저자는 화가가 심혈을 기울여 붓질을 하듯 모든 단어에 특별한 의미를 담는다. 하지만 평범한 저자는 무엇이든 기계적으로 작성할 뿐이다.[31] 이런 차이는 음악에서도 발견할 수 있다. 천재의 작품은 어느 부분에서나 항상 정신이 감지되며, 그것이 작품의 특징을 이룬다. 이는 리히텐베르크의

---

30. (원주) 적절한 표현, 독창적인 문구, 성공적인 문장도 의복과 마찬가지로 아직 새것일 때는 찬란히 빛나고 대단한 효과를 가져온다. 하지만 누구나 그런 표현과 문구를 사용하기 시작하면 눈 깜짝할 사이에 빛이 바래고 효력도 잃고 만다.

31. (원주) 평범한 사람이 쓰는 글이란 틀에 박힌 것들뿐이다. 현재 유행하는 문구나 관용구만을 선호하며 스스로는 아무것도 생각하지 않는다. 이에 반해 뛰어난 두뇌의 소유자는 아무리 좋은 문구라도 딱 맞는 경우가 아니면 쓰지 않는다.

'구석구석까지 영혼이 닿는다'는 말과 통한다. 리히텐베르크는 명배우 개릭[32]의 몸의 모든 근육에는 구석구석까지 영혼이 닿아 있다고 표현했다.

앞서 언급한 저작의 지루함에 대해서는 일반적으로 주의해야 할 것이 있다. 지루함에는 객관적인 것과 주관적인 것, 두 종류가 있다. 객관적인 지루함은 언제나 여기서 문제시해온 결함, 즉 저자에게 말하고자 하는 명쾌한 사상이나 인식이 존재하지 않는다는 결함으로 인해 생긴다. 다시 말해서 말하고자 하는 명쾌한 사상과 인식을 가진 저자는 전달이라는 목적을 향해 직진한다. 따라서 곳곳에서 명료한 생각을 내보이고, 장황하거나 애매하지도 혼란스럽지도 않다. 그러므로 지루하지 않다. 설령 그 근본사상이 잘못되었다 하더라도 그것은 명료하게 사색하고 충분히 숙고한 결과이며, 적어도 형식적으로는 옳다. 저작에는 여전히 나름의 가치가 있다. 반대로 위와 동일한 이유로 객관적으로 지루한 저작은 항시 무가치하다.

이와 달리 주관적인 지루함은 단순히 상대적인 것이다. 주관적

---

32. 데이비드 개릭 (1717~1779) 배우이며 작가이자 무대감독. 18세기 영국 연극계의 혁명적인 존재. 셰익스피어 연극 전문 배우로 명성을 떨친다.

으로 지루한 것은 독자가 그 주제에 대해 관심이 부족해서 발생하는 것으로 독자 측의 관심에 어떠한 제약이 있기 때문이다. 그러니 아무리 훌륭한 작품이라도 사람에 따라서는 지루하게 여길 수도 있다. 반대로 열악한 작품이라도 주제나 저자에 흥미를 느끼고 주관적으로 재미를 얻기도 한다.

가급적 위대한 지성의 소유자처럼 사색하되 누구나 사용하는 언어로 말하라. 이를 터득하면 독일의 모든 문필가에게 도움이 될 것이다. 평범한 언어로 비범한 사상을 이야기하라. 그런데도 문필가들은 반대로 하고 있다. 흔해빠진 개념을 고상한 말로 포장하고, 상투적인 사상을 특별한 표현과 일부러 기묘한 우회적 표현으로 치장하려 애쓴다. 그들의 문장은 언제나 죽마(竹馬)를 탄 듯이 거들먹거린다. 호언장담을 즐긴다. 대체로 거만하고 허세스러운 곡예사 같은 문체를 선호하는데, 그 전형이 기수 피스톨[33]이다. 그의 친구 폴스테프는 참다못해 소리쳤다. '하고 싶은 말이 있다면 세상 사람들의 말로 떠들어보게'(셰익스피어 〈헨리 4세〉 제2부 제5막 제3장).

---

33. 셰익스피어의 희곡 《헨리 4세》, 《헨리 5세》에 등장하는 전기수.

실제 예를 좋아하는 분들을 위해 다음의 광고 문구를 들어보겠다.

'출판사의 근간(近刊) 안내, 장내 가스의 이름으로 알려진 기체현상의 이론, 실천을 겸비한 과학적 생리학, 병리학, 치료법. 이 책은 그 유기적 인과관계, 존재와 본질, 그것을 유발하는 외적 내적 발생 계기, 현상과 실증의 일체를 인류공동체의 의식 및 학문적 의식을 위해 체계적으로 서술한다. 프랑스의 작품 〈방비술〉 의역. 주석 및 해설 보충'

독일어에는 프랑스어 'style empesé'(딱딱한 문체)에 해당하는 딱 맞는 표현은 찾을 수 없지만, 이에 상응하는 사실은 오히려 빈번히 접한다. 이것과 허세가 결합하면, 사교장에서나 볼 법한 대단한 거드름과 고상한 체하는 모양이 글에 드러나서 봐 줄 수가 없는 지경에 이른다. 두뇌의 알맹이가 빈약하면 이러한 치장을 하려 드는 법이다. 마치 실제 생활에서 우둔한 이가 대단히 형식적 예의를 몸에 두르려고 하듯이.

허세로 가득한 문체를 쓰는 자는 낮은 신분의 소유자로 오해받지 않기 위해 한껏 꾸미는 자와 비슷하다. 반면에 진정한 신사는 아무리 소박한 옷차림을 해도 그럴 걱정은 없다. 그러니 화려하게 치장하고 모양을 내면 교양이 없고 천박한 사람임을 드러내듯이, 잔뜩 멋을 부린 문체는 평범한 두뇌를 가졌다는 증거다.

그렇지만 구어체로 글을 쓰려고 애쓰는 것은 잘못된 일이다. 오히려 모든 문체의 조상 격인 비문에 새겨진 글처럼 꾸밈없이 간결하고 힘찬 문체가 바람직하다. 마찬가지로 문어체로 이야기하려는 것도 안 될 일이다. 현학적으로 들리는 데다 이해하기 어렵기 때문이다.

분명하지 않고 애매한 표현은 언제 어디서든 좋지 못한 징후다. 그런 표현을 쓰게 되는 것은 99퍼센트 생각이 애매한 탓이며, 대개 사상 자체가 흔들거리며 중심을 잡지 못하고 잘못된 데서 기인한다. 머릿속에 올바른 사상이 떠오르면 그 사람은 명쾌함을 추구하고자 애쓰며 곧 그것을 획득하게 될 것이다. 심사숙고 끝에 얻은 명쾌한 사상은 적절한 표현을 쉽게 찾아낸다. 사람의 지혜가 미치는 것은 실제로 언제나 명쾌하고 이해하기 쉬우며, 의문의 여지가 없는 말로 표현 가능한 법이니 말이다.

복잡하고 애매하며 어지러운 문장을 만들어내는 자들은 스스로 무엇을 말하려고 하는지조차 어렴풋이 알 뿐이다. 그런데도 종종 그들은 애초에 말하고자 하는 것이 존재하지 않는다는 사실을 제 자신을 비롯해 남들에게도 감추려고 한다. 피히테와 셸링, 헤겔처럼 알지 못하는 것을 아는 듯이 보이고 싶어 하며, 생각을 하지도 않거니와 말하지도 않은 것을 생각하여 말하는 듯이 보이고자 한다. 무언가 올바른 것을 전달해야만 하는 사람이 과연 애매한 표현을 쓰려고 애쓰겠는가 아니면 분명히 말하려고 하겠는가. 이미 고대 로마의 수사학자 쿠인틸리아누스[34]는 이렇게 말했다. '학식이 풍부한 사람일수록 흔히 알기 쉽고 명료하게 말하는 반면, 무능한 인간일수록 애매하게 말한다'(《변론술 교정》 제2권 3장).

또한 수수께끼 같은 화법은 쓰지 않아야 하며, 자신이 중요한 것을 말하고 싶은지 아닌지를 제대로 분별해야 한다. 분명하지 않은 표현은 독자로 하여금 독일의 저자들을 견딜 수 없게 만든다. 예외가 인정되는 것은 무언가 명확히 하는 것이 금지된 바를 전달하는 경우뿐이다.

어떤 작용이라도 정도가 지나치면 대개 처음에 의도했던 것과 반대되는 결과를 초래한다. 언어가 사상을 알기 쉽게 만드는 데 도움이 되는 것은 맞지만, 그 효용은 일정한 지점까지다. 한도를 넘어 무작정 언어를 쌓아올리기만 하면 전달하고자 하는 사상은 점차 명쾌함을 잃어버린다. 이 한계점을 구분하는 것이 문장 표

---

34. 마르쿠스 파비우스 쿠인틸리아누스 (35~100) 로마의 교육학자이자 수사학자. 스페인 출신으로 로마에서 변론술과 법률을 공부하였다. 68년 경 다시 로마로 와서 수사학교를 열고 변론술을 가르쳤으며 수재를 많이 배출했다. 진정한 웅변가를 양성하는 것에 교육의 목적을 두었다. 유아교육, 학교교육의 중요성을 설파하였고 중세 및 르네상스의 교육에 큰 영향을 주었다. 《웅변 교수론》을 저술하였다.

현의 핵심이며, 판단력의 역할이다. 불필요한 말은 모두 본래의 목적을 정면으로 저해하기 때문이다. 그런 의미에서 볼테르는 '형용사는 명사의 적'이라고 말했다. 하지만 많은 저자들이 언어를 지나치게 이용하여 사상의 빈곤함을 감추려고 하는 사실은 더 말할 것도 없다.

그러니 모든 장황한 표현은 피하고 고생해서 읽을 가치가 없는 무의미한 코멘트를 덧붙이는 짓도 일체 그만두기 바란다. 독자의 시간과 노력, 끈기를 헛되게 낭비시켜서는 안 된다. 그렇게 하면 이 저자가 집필한 작품은 주의 깊게 읽을 만하며, 수고와 시간을 들이는 것 또한 보람 있다는 독자의 신뢰를 얻을 수 있으리라.

시시한 말을 덧붙이는 것보다는 차라리 좋은 문장이라도 문맥에 맞지 않으면 잘라내는 편이 더 낫다. '절반이 전체보다 낫다(《일과 나날》)'는 헤시오도스의 말은 옳다. 즉 저자가 하나부터 열까지 다 말할 필요는 없다. '상대를 지루하게 만드는 비결은 하나부터 열까지 모두 말해버리는 것이다.'(볼테르 〈인간론〉 6, 172) 가급적 핵심과 중요한 사항만을 이야기하고 독자가 스스로 생각해낼 수 있는 부분은 언급을 피해야 한다. 미미한 사상을 전달하는 데 많은 말을 소비하는 것은 평범함을 드러내는 분명한 증거다. 반면에 많은 사상을 적은 말에 담는 것은 탁월한 두뇌의 소유자임을 보여준다.

진리는 그대로 드러낼수록 더없이 아름답고, 표현이 간결할수록 깊은 감동을 준다. 그렇게 하면 독자는 잡념에 시달리지 않고 온전히 진리를 받아들일 수 있다. 독자가 수사적 기교에 매료되어 홀리는 일 없이 진리 그 자체로부터 감명을 받았다고 느끼기 때문이다. 가령 인간 존재의 허망함에 대해 아무리 열변을 토한들 욥의 말보다 더한 감명을 줄 수 있겠는가.

여인에게서 태어난 사람은 생애가 짧고 걱정이 가득하며,
그는 꽃과 같이 자라나서 시들고 그림자같이 지나가며
머물지 아니하거늘.
_욥기 14장 1~2절

괴테의 꾸밈없는 시가 실러의 수사적인 시와는 비교할 수 없을 만큼 뛰어난 것은 그런 까닭이다. 많은 민요가 큰 감동을 주는 것도 같은 이유에서다. 그러니 건축술의 지나친 장식, 변론술의 불필요한 수사적 장식과 마찬가지로 글을 쓸 때도 모든 불필요한 서술, 과도한 표현을 삼가고 깔끔한 문체를 쓰고자 노력해야 한다. 쓸데없는 것은 모두 불리하게 작용할 뿐이다. '꾸밈없는 간소함'은 숭고함과도 어울리므로 모든 예술에 적용된다.

알맹이가 없으면 틀에만 얽매이고 스스로 그 뒤에 숨으려 하기 마련이다. 덕지덕지 꾸며낸 과장된 문체, 잘난 척하며 뽐내는 어

조, 그 밖의 여러 문장 스타일로 제 자신을 감싸는 것이다. 하지만 천의무봉은 있는 그대로의 간소한 제 모습으로 사람들 앞에 나서니 그런 수법은 필요 없다. 명석한 두뇌를 가진 이조차 꾸미지 않기란 참으로 쉽지 않다. 메마르고 빈약한 인상을 주기 때문이다. 실오라기 하나 걸치지 않는 것이 아름다움의 예복이듯 천의무봉은 천재의 예복인 까닭은 바로 여기에 있다.

진정으로 간결한 표현이란 언제 어디서든 말할 가치가 있는 것만을 말하고, 필요한 것과 쓸데없는 것을 바르게 구별하여 누구나 생각할 만한 말을 끝없이 늘어놓지 않는 것이다. 그런데 간결함을 추구한 나머지 명료함이나 문법을 희생시켜서는 안 된다. 고작 몇 마디의 단어를 줄이기 위해 사상의 표현을 약화시키거나 문장을 애매하게 만들고 위축시키는 일은 탄식스럽고도 무분별한 행위다. 이것이 바로 오늘날 유행하고 있는, 유용하고 문법적으로 또 논리적으로도 필요한 것마저 버리는 잘못된 간결함의 예다.

지금 독일에서는 엉터리 삼류 문사들이 광기에라도 사로잡힌 듯이 잘못된 간결함의 수법에 빠져 믿기 어려울 만큼 무분별하게 이용하고 있다. 그들은 단어 하나를 생략하기 위해 일석이조를 해낼 요량으로 몇몇 잘못된 문장을 연속해서 쓸 때 하나의 동사, 하나의 형용사로 끼워 맞춘다. 게다가 그 동사와 형용사가 도움이 되는 방향이라는 것이 제각각이다. 그래서 독자는 암흑 속을 더듬듯이 무슨 말인지 알지도 못한 채 전부를 읽어내야만 한다. 맺음말에 이르러서야 겨우 어떤 이야기인지 밝혀진다. 어디 그뿐이랴. 엉터리 문사들은 빈곤한 두뇌가 생각하는 표현의 간략화, 간결한 문장을 위해 그 밖에도 온갖 부당한 생략법을 이용하려 한다. 이리하여 문장을 단번에 명확하게 해주는 말이 생략되면서 그 의미는 미궁으로 빠지고, 독자는 그 뜻을 이해하고자 몇 번이고 되풀이해서 읽는 지경에 다다른다. 특히 'wenn', 'so'[35]라는 불변화사 '만약 ~라면'은 추방당하고 언제나 동사를 먼저 놓고 대용하게 한다. 이 용법은 적절한 경우와 그렇지 않은 경우가 있어 변별이 꼭 필요하지만, 너무 미묘하여 그들의 두뇌로는 변별하기 어렵다. 그래서 종종 싱겁고 어색한 멋을 낸 문장이 될 뿐만 아니라, 의미를 알 수 없는 문장이 완성된다.

이와 비슷한 요즘 유행하는 어법상의 오류가 있다. 그 예로 'Käme er zu mir, so würde ich ihm sagen'(그가 내게로 오면 그에게 말할 것이다)라는 것을 삼류 문사의 90퍼센트는 'Würde er zu mir kommen, ich sagte ihm'이라는 식으로 쓴다. 이 문장은 어설플

---

35. 각각 조건문과 귀결문의 시작에 놓인다.

뿐만 아니라 잘못되어 있다. 애당초 'würde'로 시작해도 되는 것은 의문문뿐이며, 기껏 범위를 확대해도 현재 조건문 정도다. 미래 조건문에서는 허용되지 않는다.

그런데 표현을 간결하게 한다고 해도 그들의 능력으로는 단어 수를 세어 작게 가공하거나 어딘가에서 한 단어, 기껏해야 한 음절을 무슨 수를 써서라도 생략하려고 할 뿐 그 이상은 불가능하다. 그들은 이런 점을 통해서만 간결한 문체, 박력 있고 기세 넘치는 어조를 추구한다. 그런 탓에 음절의 논리적이고 문법적인 가치, 소리의 명쾌한 울림 등의 가치에는 무감각하며, 결과적으로 이를 간과하고 아무렇지 않게 잘라낸다. 한 마리의 당나귀가 이 쾌거를 이루어내면 다른 백 마리가 그 뒤를 좇아 환호성을 지르며 그 영웅 당나귀를 본받는다. 어디에도 반대하는 목소리는 들리지 않는다. 어리석은 행위에 반대하지 않을 뿐 아니라, 하나가 어리석은 당나귀 짓을 하면 나머지 무리는 감탄하며 흉내내기에 바쁘다.

그런 연유로 1840년대, 이런 무지한 삼류 문사들은 독일어에서 현재 완료형과 과거 완료형을 완전히 추방해 버렸다. 간결함을 좇은 나머지 언제 어디서든 이 둘을 미완료 과거형으로 대신하고, 그 결과 이 형태만이 독일어의 유일한 과거형이 되었다. 더 정밀하고 정확하게 표현하는 문법상 올바른 완료형 어법은 모두 희생된 것이다. 그뿐만이 아니다. 거기서 탄생하는 것은 허튼 소리뿐이므로 종종 모든 사람의 지혜가 희생되기도 한다. 그러므로 모든 언어를 망치는 행위 중에서도 이는 가장 처참한 짓이다. 논리를, 나아가 말하는 것의 의의를 갉아먹기 때문이다. 말하자면 언어학상의 파렴치한 행위다.[36]

지난 10년 동안 간행된 책 가운데 단 한 번이라도 과거 완료형을 포함하지 않은, 어쩌면 현재 완료형이 포함되지 않은 책이 있다면 내기를 해도 좋다. 이런 분들은 정말로 미완료 과거형과 완료형은 의미가 같아서 둘을 뒤섞어 어느 것을 써도 된다고 생각하는 것일까. 그들이 진정으로 그렇게 생각한다면 김나지움의 4학년, 5학년에 편입시켜야 할 것이다. 옛날 작가들이 이렇듯 엉성하게 글을 썼다면 대체 어떤 작품이 살아남을 수 있었겠는가.

언어에 대한 이런 모독 행위는 모든 신문과 대부분의 학술잡지

---

36. (원주) 완료형을 전혀 사용하지 않고 미완료 과거로 대용하는 것은 오늘날 독일어에 가해지고 있는 파렴치한 행위 중에서도 가장 해롭다. 왜냐하면 문장의 논리를 직접 침략하고, 그 의미를 파괴하며, 근본적인 차이를 내팽개쳐 의도와는 다른 이야기를 하게 되는 까닭이다. 독일어의 미완료 과거와 완료는 라틴어의 경우와 마찬가지로 사용되어야만 한다. 즉 독일어든 라틴어든 완료되지 않고 계속 중인 행위를 이미 과거가 되어버린 완료형과 구별하는 원리는 같다.

에서 거의 예외 없이 눈에 띈다.[37] 앞서 언급했듯이 독일에서는 문
필 세계에서는 우둔함을 본받고 실제 사회에서는 무례함을 본받
는 이들이 떼를 이루고, 누구 하나 자신의 두 다리로 서려고 하지
않는다. 삼가지 않고 말한다면 판단력이 부재하고, 이웃을 예방
하고 있기 때문이다.

두 개의 중요한 시제를 지금 말한 것처럼 없애버리면 독일어는
거의 가장 낮은 수준의 야만적인 언어로 떨어지고 만다. 완료형
대신 미완료 과거형을 사용하는 것은 독일어에 죄를 짓는 것일
뿐만 아니라, 모든 언어의 문법 전반에 대한 죄다. 그러니 독일인
저술가용으로 아담한 독일어 학교를 지어 미완료 과거형, 현재
완료형, 과거 완료형의 차이, 이어서 소유격과 탈격의 차이를 습
득시킬 필요가 있다. 소유격을 써야 할 곳에 태연히 탈격을 쓰는
풍조가 점차 확산되고 있다. 'Leibnizens Leben'(라이프니츠의 생애),

---

37. (원주) 학술적이라 칭하는 〈괴팅겐 평론〉(1856년 2월)에서 제대로 된 문장이라면 반드
시 필요한 접속법의 과거완료형 대신에 간결한 미완료 과거형이 쓰이고 있다. 'er
würde geschienen haben'이라고 써야 할 것을 'er schien'이라 쓴 것이다. 이를 보고
나는 "말도 안 되는 엉터리다!" 하고 소리쳤다.

'Hofers Tod'(호퍼[38]의 죽음)이라고 써야 하는데 'das Leben von Leibnitz', 'der Tod von Andreas Hofer'라고 쓰고 있다.

다른 언어에서는 과연 이런 오류가 수용될 수 있을 것인가. 가령 이탈리아의 저술가가 'di'와 'da'(소유격과 탈격)을 바꿔 쓴다면 이탈리아인들은 뭐라고 말할까? 프랑스에서는 이 쌍방의 불변화사를 애매하고 무딘 'de'가 대표하도록 하였다. 현대 독일인 저술가의 외국어 지식이라고는 고작해야 프랑스어를 조금 할 수 있는 정도일 뿐, 그 이상은 벅차다. 그래서 프랑스어의 허술함을 독일어에도 유용해도 된다고 착각하여 바보짓에는 칭찬이 따르고 추종자가 등장한다.[39] 프랑스어는 어휘가 빈약한 탓에 전치사 'pour'가 독일어의 네다섯 개 전치사의 역할을 혼자 맡고 있는데, 역시 같은 이유로 독일의 무능한 삼류 문사들은 'gegen', 'um',

---

38. 안드레아스 호퍼(1767~1810) 티롤 출신으로 나폴레옹이 오스트리아를 침공했을 때 활약했다. 사격부대 대장으로서 프랑스군과 싸웠다. 티롤 독립전쟁의 영웅으로 추앙받는다.

39. (원주) 'von'을 사용한 탈격은 소유격의 동의어가 되어버려 다들 어떤 걸 쓰든 괜찮다고 여긴다. 점차 탈격이 소유격으로 대체되고 사람들은 프랑스어 같은 독일어 문장을 쓰게 될 것이다. 문법이 가진 권위가 사라지고 엉터리 문장을 쓰는 자들이 하고 싶은 대로 내버려두는 것은 실로 부끄러운 일이다. 독일어의 소유격은 'des', 'der'이고 탈격은 'von'으로 나타낸다. 그대들이 정체도 모를 프랑스어 같은 독일어가 아닌 제대로 된 독일어를 쓸 생각이라면 이것을 명심해야 한다.

80

‘auf’나 다른 전치사를 써야 할 때, 혹은 전치사를 전혀 쓰지 않아도 될 때마저 이 ‘pour’에 상응하는 ‘für’를 쓴다. 프랑스어 ‘pour, pour’를 덮어놓고 따라하려는 것뿐이다. 전치사 ‘für’가 여섯 번 사용되었다면 그중 다섯 번은 오용된 것일 만큼 심각하다.[40] ‘aus’ 대신에 ‘von’을 이용하는 것도 프랑스식 우회적 표현이다. 또한 ‘Diese Menschen haben keine Urteilskraft’(이러한 사람들은 판단력이 없다)를 대신한 ‘Diese Menschen sie haben keine Urteilskraft’(이러한 사람들, 즉 그들은 판단력이 없다)라는 표현도 그러한데, 독일어라는 훨씬 고귀한 언어에 프랑스어처럼 아교로 접착시킨 듯한 야비한 언어의 빈약한 문법을 적용하는 것은 썩은 프랑스식 취미다. 하지만 편협한 국어 정화론자가 생각하듯이 외래어 도입을 무조건 부정하는 것은 아니다. 외래어는 동화되어 언어를 풍성하게 만든다. 독일어 어휘의 거의 절반이 라틴어에서 파생되었는데, 그중 어떤 단어가 정말로 로마인으로부터 온 것이고, 또 어떤 단어가 더 오랜 산스크리트어에서 유래한 것인지 분명히 말하지는 못한다.

---

40. (원주) 어느 시대든 국어의 추락은 문학이 쇠락하는 자명한 징조인데, 오늘날 그것이 현실이 되고 있다.

앞서 제안한 독일인 저술가를 위한 독일어학교가 현상금을 걸고 문제를 내보는 것도 좋을지 모른다. 예를 들어 '당신은 어제 극장에 있었나요?'를 뜻하는 'Sind Sie gestern im Theater gewesen?', 'Waren Sie gestern im Theater?'라는 두 문장의 차이를 밝히는 문제 말이다.[41]

간결함을 잘못 생각한 또 다른 예로 요즘 점차 일반화되고 있는 'nur'의 오용을 들 수 있다. 잘 알려진 대로 이는 단호히 제한하는 데 사용하며, '그 이상은 아니며, 그저 ~뿐'이라는 의미다. 처음에 어떤 비뚤어진 자가 전혀 다른 의미의 '그 밖의 것이 아니며, 바로 ~이다'로 대용했는지 모르지만 단어 수를 절약하면 이득이다 보니 이 오류에도 금세 추종자가 나타났다. 그 결과 지금 이 단어는 너무도 빈번하게 오용되고 있다. 그 때문에 종종 저자의 의도와 정반대의 의미를 띠게 된다. 예를 들어 '크게 칭찬한다'는 의미의 'Ich kann es nur loben'이 '내가 할 수 있는 건 그저 칭찬뿐, 보수를 주는 것, 모방하는 것은 못 한다'가 되어버린다. '크게 비난한다'는 의미의 'Ich kann es nur mißbilligen'이 '나는 비

---

41. 현재완료형은 현재의 입장에서 과거를 이야기할 때(예를 들면 대화), 과거 시제는 과거의 시점에서 과거를 이야기할 때(예를 들면 옛날이야기) 사용된다.

난할 수는 있지만, 벌을 주지는 못 한다'가 되어 버린다.

'ähnlich'(마찬가지로), 'einfach'(간단히)처럼 형용사를 부사적으로 사용하는 것도 이에 속한다. 몇몇 오래된 예가 있을지도 모르겠지만, 내 귀에는 늘 거슬린다. 어떤 언어에서든 형용사를 무작위로 부사로 사용하는 것은 허용되지 않기 때문이다. 그리스의 저술가가 'ὁμοίως'(비슷하게) 대신에 'ὁμοῖος'(비슷한)을, 'ἁπλῶς'(간단히) 대신에 'ἁπλοῦς'(간단한)을 쓴다면 어떤 말을 들을까? 다른 언어도 마찬가지다.

| | 형용사 | 부사 | 형용사 | 부사 |
| --- | --- | --- | --- | --- |
| | 비슷한 | 비슷하게 | 간단한 | 간단히 |
| 라틴어 | similis | similiter | simplex | simpliciter |
| 프랑스어 | pareil | pareillement | simple | simplement |
| 영어 | like | likely | simple | simply |
| 이탈리아어 | somigliante | somigliantemente | semplice | semplicemente |

언어의 용법을 분별하지 못하고 변덕스레 당장의 일만 생각하여 언어를 가지고 노는 사람들은 독일인들뿐이다. 그것이 재기 넘치는 국민의 모습에 어울리기라도 한다는 듯이.

이런 것들은 모두 꺼림칙한 일이다. 모국어에 깃든 정신과 문법이 비열한 삼류 문사들에 의해 엉망이 되고 있는데 누구 하나 이의를 제기하지 않는다. 이의는커녕 문제시해야 할 입장에 있는 학자, 학문에 종사하는 자들이 신문과 잡지에 시시한 글을 쓰고 날품을 파는 저널리스트에게 질 수 없다며 기를 쓰고 있다. 어리석은 것과 아둔한 것이 서로 싸우는 통에 독일어는 대혼란에 빠졌다. 너나 할 것 없이 달라붙고 삼류 문사들은 앞다투어 그 소용돌이에 빠지는 모양새다.

이 문제에 관해서는 논의의 여지없이 형용사와 부사를 구별해야만 한다. 예를 들어 'sicherlich'(분명히)라는 부사를 의도할 때 'sicher'(분명한)이라는 형용사로 써서는 안 된다. 어떤 때라도 간결함을 추구한 나머지 명료하고 정확한 표현을 아주 조금이라도 희생시켜서는 안 될 일이다. 명료하고 정확한 표현력이야말로 언어에 가치를 부여하기 때문이다. 이러한 표현력을 통해서만이 생각의 뉘앙스, 미묘한 어조의 변화를 정확하고 명쾌하게 나타낼 수 있다. 말하자면 촘촘하지 못한 옷감이 아닌 젖은 옷을 딱 맞게 걸친 육체처럼 사상이 뚜렷이 드러난다. 이것이야말로 일급 작가의 아름답고 힘찬 간명하고 적절하며 정확한 문체다.

이런 명료하고 정확한 표현력은 언어를 잘게 쪼개면 완전히 상실된다. 즉 접두어와 접미어의 삭제, 형용사와 부사를 구별하는 음절의 삭제, 조동사의 생략, 완료형 대신 미완료 과거형 사용 등의 행위다. 지금 독일의 문필가들은 저능함을 드러내며 이 만연한 풍조에(영국, 프랑스, 이탈리아에서는 결코 확산될 것 같지 않은) 어떠한 반대의 목소리도 내지 않고 저마다 앞다투어 뒤따르고 있다. 이렇게 언어를 잘게 쪼개는 것은 고가의 옷감을 딱 맞게 포장하려고 제멋대로 조각내는 일과 같다. 이런 상황이라면 언어는 제 무리 내에서만 통하는 은어로 개악되고 만다. 머지않아 독일어는 그렇게 되고 말리라.

그런데 간결한 문장을 잘못 추구한 가장 특이한 예는 개개의 단어를 절단하는 것이다. 일당을 벌기 위해 함부로 글을 쓰는 자, 놀랄 만큼 무지한 문사, 돈을 위해서라면 무엇이든 하는 신문기자가 마치 사기꾼이 화폐의 테두리를 깎아내듯이 독일어를 사방팔방에서 깎아내고 있다. 오로지 더 간결하게 만들겠다는 생각만으로 말이다. 그들의 두뇌가 이해할 수 있는 간결함이란 그런 것이다.

이러한 작업에 힘쓸 때 그들은 감당할 수 없는 수다쟁이와 같아진다. 수다쟁이는 짧은 시간 내에 단숨에 많은 단어를 분출하고자 철자와 음절을 집어삼키고 빠르게 입을 움직이며 평범한 말들을 힘겹게 내뱉느라 단어를 절반 정도밖에 발성하지 않는다. 그런 식으로 그들 역시 한정된 지면에 가급적 많은 글을 집어넣고자 단어의 중간에 있는 철자를 삭제하고, 처음과 끝의 음절을 잘라낸다. 우선 음조, 발음, 아름다운 울림에 기여하는 이중모음이나 장음을 만드는 '–h'를 억지로 떼어내고, 이어서 어딘가 떼어낼 만한 것은 모조리 그렇게 할 것이다.

언어를 간략화하려는 무리의 흉폭한 파괴욕은 특히 '-ung', '-keit'
라는 어말의 음절로 향한다. 오직 이 어말 음절의 의미를 이해하지
도 느끼지도 못하는 탓이다. 그들의 돌머리는 본능적인 언어 조형가
인 선조들의 섬세한 배려를 전혀 느끼지 못한다. 우리의 선조는 두
개의 어말 음절이 가지는 미묘한 어조의 차이를 예민하게 감지하고
구분하여 사용했다. '-ung'는 대체로 주체와 행동을, 객체나 대상
으로부터 구별하는 데 쓰고, '-keit'는 계속성, 지속적인 특성을 표
현할 때 사용했다. 예를 들어 전자로는 'Tötung'(살해), 'Zeugung'(생
식), 'Befolgung'(복종), 'Ausmessung'(측정) 등이 있고, 후자로는
'Freigebigkeit'(기질이 좋음), 'Gutmütigkeit'(온화함), 'Freimütigkeit'
(솔직함), 'Unmöglichkeit'(불가능), 'Dauerhaftigkeit'(영속성) 등이 있
다. 예를 들어 'Entschließung'(결의), 'Entschluß'(결심), 'Entschlo-
ssenheit'(결연한 태도) 등의 단어를 보기만 해도 그 차이를 알 수 있
을 것이다.

그러나 덜렁대는 요즘 풍의 언어 개악자들은 지극히 둔감하여
이 차이를 알아보지 못하고, 'Freimütigkeit'라고 써야 할 곳에
'Freimut'라고 쓴다. 그러면 'Gutmut', 'Freigabe'라고 쓰게 될
테고, 'Ausführung'(실행) 대신에 'Ausfuhr', 'Durchführung'(관
철) 대신에 'Durchfuhr'이라고 쓸 것이다. 'Beweis'(증명)은 올바
르지만, 둔하고 어리석은 개악자들이 쓰는 'Nachweis'는 옳지

않다. ‘Nachweisung’라고 써야 한다. 왜냐하면 ‘Beweis’는 객관적인 것(수학적 증명, 사실에 의한 증명, 반론할 수 없는 증명 등)인데 반해, ‘Nachweisung’는 주관성, 즉 주체로부터 나오는 것, 증명하는 행위를 가리키기 때문이다.

‘Vorlage’는 본래 제시되어야 할 문서를 가리키는데, 언어 개악자들은 일관적으로 제시하는 행동 ‘Vorlegung’(제시하는 것)을 의도하면서 ‘Vorlage’라고 쓴다. ‘Beilage’(부록)과 ‘Beilegung’(덧붙이는 것), ‘Grundlage’(기초), ‘Grundlegung’(기초를 만드는 것), ‘Einlage’(동봉품)과 ‘Einlegung’(동봉하는 것), ‘Versuch’(시험)와 ‘Versuchung’(사람을 시험하는 것, 유혹), ‘Eingabe’(청원서)와 ‘Eingebung’(영감) 등 비슷한 예가 수두룩하다.

어디 이뿐인가. 법원까지 언어를 함부로 쓰고 유용하는 것을 승인하고 있다. ‘Vorlegung’ 대신에 ‘Vorlage’라고 쓸 뿐만 아니라, ‘Vollziehung’(집행하는 것) 대신에 ‘Vollzug’라고 쓰고, 대리인이 아닌 본인이 출두하도록 통보할 때 ‘in eigener Person’이 아니라 ‘in Selbstperson’이라고 쓴다. 이렇게 되면 신문기자가 연금 몰수 ‘Einziehung einer Pension’을 의도하고 연금이 더 이상 안 들어온다고 쓸 요량으로 ‘Einzug einer Pension’(연금 도래)라고 써도 딱히 이상하지 않다. 어쨌든 이 기자에게는 ‘Ziehung’(제비를 뽑다)와 ‘Zug’(행진), 군대가 ‘나아간다’를 구별할 독일어 능력조차 없다. 그런데 학술적인 〈하이델베르크 연감〉(1850년 24호)에서조차 '그의 재산 몰수'라는 의미로 'Einzug seiner Güter' (재산 도래)라고 적는 세상이니, 엉터리 신문기자에게 무엇을 바라겠는가. 기껏해야 '철학 교수도 그렇게 썼더라'라는 변명을 듣는 정도일 것이다. 신기하게도 나는 아직 'Absetzung' (공제) 대신에 'Absatz' (중단), 'Ausführung' (실행) 대신에 'Ausfuhr' (수출), 'Empfängnis' (수태) 대신에 'Empfang' (수령), 'Abtretung dieses Hauses' (가옥 양도) 대신에 'Abtritt dieses Hauses' (가옥 퇴장)이라고 쓴 것을 본 적이 없다. 이런 실수라면 언어 개악자들에게 어울리며 일관성이 있는 데다 유쾌한 오해를 불러올 텐데 말이다. 그런데 나는 실제로 많은 구독자를 거느린 신문에서 'Unterbrechung' (중단) 대신에 'Unter-bruch'라고 쓰인 것을 여러 차례 목격했다.

서혜부 헤르니아 'Leistenbruch'가 아닌 통상의 탈장 'Einge-weidebruch'인가 하고 의심해버릴 듯도 하다. 하지만 신문에는 언어를 잘라낼 동기는 없을 터다. 말이 길면 길수록 지면을 많이 채울 수 있는 데다, 다른 뜻이 없는 음절로 채울 수 있다면 덕분에 조금이나마 거짓이 적은 신문을 낼 수 있기 때문이다.

그런데 이쯤에서 독자들에게 한 마디 하려 한다. 일반 독자의 90퍼센트 이상이 신문 이외에는 아무것도 읽지 않는다고 한다. 그래서 그들은 거의 필연적으로 신문을 기준 삼아 정서법이나 문법, 그들 나름의 문체를 익힌다. 어디 그뿐이랴. 어리석게도 이런 언어 개악을 간결한 표현, 우아하고 산뜻하며 예리한 솜씨의 언어 개량이라고 간주하고 있다는 사실이다. 애당초 지식계급이 아닌 젊은이들이 인쇄물이라는 이유로 신문을 권위 있게 생각하고 있는 점을 지적하지 않을 수 없다. 그래서 국가는 신문이 언어에 대해 조금의 빈틈도 없이 완벽할 수 있도록 진지하게 배려해야 한다. 그러기 위해 검열 담당자를 고용해도 좋겠다. 검열 담당은 신문의 내용에 대해서는 일체 건드리지 않는 대신, 원형을 손상시킨 언어, 탁월한 글쟁이에게서는 보이지 않을 법한 단어, 문법과 글 구조상의 오류, 연결과 취지가 부적절한 전치사를 사용한 신문기자로부터 매번 수수료로 금화 한 닢을 거둬들이는 것이다. 엉터리 문사가 ‘hinsichtlich’ (~에 관해서) 대신에 ‘hinsichts’ 라고 쓰는 것처럼 무례한 문법 모독에 대해서는 금화 세 닢, 재범은 두 배의 금액을 징수하면 된다. 평범한 두뇌의 소유자는 본래 있던 길을 따라야지, 언어 개량 따위를 꿈꾸지 않기 바란다. 아니면 독일어는 법의 보호를 받을 가치가 없는 하찮은 것으로 방치되고 있다는 말인가. 쓰레기더미조차 법의 보호 아래 있거늘. 한심하고 교양 없는 속물들! 허술한 엉터리 신문기자들이 자유로운 재량권을 손에 쥐고 제 기분대로 행사한다면 독일어는 어떻게 된다는 말인가.

그런데 여기서 문제가 되고 있는 횡포는 비단 신문에만 해당되지 않는다. 곳곳에서 찾아볼 수 있으며, 책이나 학술잡지 역시 신문에 질세라 제대로 생각하지도 않고 횡포를 부린다. 아무런 언급도 없이 접두어와 접미어가 삭제되어 있다. 예를 들어 'Hingebung'(인도) 대신에 'Hingabe', 'Mißverständnis'(오해) 대신 'Mißverstand', 'Verwandeln'(바꾸다) 대신 'Wandeln', 'Verlauf'(경과) 대신 'Lauf', 'Vermeiden'(피하다) 대신 'Meiden', 'Beratschlagen'(협의) 대신 'Ratschlagen', 'Beschlüsse'(결의) 대신 'Schlüsse', 'Aufführung'(기재) 대신 'Führung', 'Vergleichung'(비교) 대신 'Vergleich', 'Auszehrung'(소모) 대신 'Zehrung'을 사용한다. 이러한 예는 수없이 존재하며 때로는 더 어리석은 짓도 있다.

그뿐 아니라 고도의 학술연구서마저 이런 유행을 쫓고 있다. 가령 렙시우스[42]의 저서 〈이집트인 연대 연구〉(1849) 545쪽에서는 '마네트[43]는 그 역사서에 이집트 연대기 풍의 개요를 zufügen했다'고 되어 있다. 'hinzufügen'(덧붙이다)라고 써야 하는데, 한 음절을 생략하고 'zufügen'(정신적 및 물질적 고통을 부여하다)가 되어 버렸다. 렙

---

42. 카를 리하르트 렙시우스 (1810~1884) 이집트학의 개척자.
43. 마네트는 기원전 280년경의 이집트 신관이다. 그리스어로 〈이집트 잡지〉를 집필했다.

90

시우스가 1837년에 집필한 논문의 제목은 〈인도와 유럽어, 셈어, 콥트어에 있어서의 수사 'Zahlwörter'의 기원 및 유사성에 대하여〉인데, 'Zahlenwörter'로 썼어야 한다. 왜냐하면 이 말은 기수법, 수 비교, 수열처럼 명사 '수'(Zahlen)에서 유래한 것이지 지불일, 지불기한이 되었다, 지불 담당 주임처럼 동사 '지불하다'(zahlen, bezahlen)에서 온 것이 아니기 때문이다. 신사 여러분은 셈어나 콥트어를 시작하기 전에 먼저 독일어를 제대로 습득하기 바란다.

오늘날 엉터리 문사들은 곳곳에서 음절을 떼어내는 짓을 저지르며 독일어를 망치고 있다. 이래서는 장래에 회복할 수 있을지도 불안하다. 그러니 이런 언어 개악자에게는 어느 누구 할 것 없이 남학생들과 마찬가지로 엄하게 징계를 가해야만 한다. 식견과 뜻 있는 이들은 모두 독일어를 위해 나와 더불어 독일의 바보짓에 반대하지 않으려는가. 오늘날의 독일에서 삼류 문사가 제멋대로 언어를 가지고 노는 뻔뻔스러움이 어떻게 영국이나 프랑스, 이탈리아에서 받아들여지겠는가.

이탈리아의 쿠르스카 아카데미[44]가 부럽다. 이탈리아 고전 문학

---

44. 크루스카 아카데미는 1583년 피렌체에 설립되었으며, 이탈리아어의 순화를 목표로 한 언어학회다.

(1804년 이래 밀라노에서 142권을 간행) 〈벤베누토 첼리니의 생애〉를 보라. 편찬자는 설령 알파벳 한 글자라도 토스카나 방언과 조금이라도 다르면 주석을 달아 비교 검토하였다. 〈프랑스 모럴리스트〉(1838)의 편찬자 역시 마찬가지다. 예를 들어 보브나르그가 'Ni le dégôut est une marque de santé, ni l'appétit est une maladie'(구역질이 건강의 징표가 아니듯, 왕성한 식욕도 병이 아니다)라고 적으면 즉각 'est'가 아니라 'n'est'가 쓰여야 한다고 주의를 준다. 반면에 우리 독일에서는 너나없이 쓰고 싶은 대로 쓴다. 보브나르그가 'La difficulté est à les connaître'(어려운 것은 그것을 아는 것이다)라고 썼을 때도 편찬자는 'à les connaître'가 아니라 'de les connaître'여야 한다고 생각한다고 코멘트했다. 또한 영국의 신문은 '연설자가 my talented friend(나의 유능한 친구)라고 말했는데 'talented'는 영어에 존재하지 않으며, spirit(정신, 기운)에서 파생된 spirited(기운찬)이라는 말은 있다고 질책하였다. 다른 나라의 국민은 자국어에 대해 이처럼 엄격한 태도를 취한다.[45] 반면에 독일의 삼류 문사는 모두 지금껏 들어본 적도 없는 말을 태연히 조작하는데, 신문 잡

---

45. (원주) 영국인, 프랑스인, 이탈리아인의 이러한 엄격함은 옹졸함이 아니라, 독일에서처럼 삼류 문필가가 모국어라는 국민의 성역을 침범하지 못하도록 하는 신중함이다.

지에서 비난받고 조소당하기는커녕 박수갈채와 함께 추종자가 나오는 형국이다.[46] 저열하기 짝이 없는 엉터리 문사가 아니더라도 저자는 전대미문의 의미로 동사를 사용하는 데 일말의 주저도 없다. 독자가 그 의도를 어떻게든 추측만 할 수 있다면 독창적인 묘안으로 여겨지고 모방하는 이들이 속출한다. 어리석은 자는 문법, 용법, 의미, 상식을 고려하지 않고 머릿속에 순간 떠오르는 대로 써댄다. 엉망진창일수록 더 낫다고들 한다. 나는 방금 'Zentralamerika'(중앙아메리카)가 아니라 'Zentroamerika'를 목격

---

46. (원주) 가장 고약한 것은 대체로 가장 저급한 문사들이 저지르는 모국어 파괴 행위에 대해 독일에서 아무런 반대도 없다는 점이다. 대체로 정치 잡지에서 생겨난 절단되거나 뻔뻔하게 남용된 단어들이 아무 방해 없이 존중받으며 대학이나 학술협회에서 발행하는 학술 잡지 등의 여러 책으로 옮아간다. 아무도 저항하지 않고, 아무도 언어를 지켜야겠다는 사명감을 느끼지 않고, 다들 경쟁하듯 바보짓에 동참한다.

엄밀한 의미에서 진정한 학자는 어떤 방식으로든 모든 오류와 사기에 저항하고 온갖 종류의 우둔함의 물결을 막아주는 댐의 역할을 하고, 천박한 자의 현혹을 공유하거나 그런 자의 우둔함에 동참하지 않고, 항시 과학적 인식의 빛 속을 거닐며, 지혜롭고 철저히 다른 이들의 앞을 비추는 것을 자신의 직분으로 인식하고 명예로 삼아야 한다. 학자의 품위는 그런 데 있다.

반면에 우리의 교수들은 학자의 품위가 궁정 고문관 칭호나 휘장에 있다고 잘못 생각하고 있다. 그들은 그런 것을 받음으로써 국가의 임명직 공무원이나 이와 유사한 학식 없는 공직자와 동렬에 선다고 생각한다. 학자라면 그와 같은 칭호를 물리쳐야 한다. 반면에 이론적인, 즉 순전히 정신적인 신분으로서 모든 실용적이고 임시변통에 도움되는 것에 대해 나름의 자긍심을 가져야 한다.

했다. 언어에 깃드는 모든 힘을 희생시켜서라도 글자 하나를 생
략하겠다는 말인가.

  이렇듯 독일인은 무슨 일에서든 질서, 규칙, 법칙을 꺼리고, 날
카롭지도 않은 판단력의 악취미가 뒤섞인 독선적인 변덕을 사랑
한다. 영국인은 본국에서든 식민지에서든 흔들림 없이 단정한 행
동을 하는데 반해 독일인은 아무리 한 눈에 알 수 있는 큰 이점이
있어도 대로나 좁은 골목길이라도 우측통행을 준수하지 못하고
있지 않은가. 사교상의 협회나 클럽 등에서 아무런 이점도 없지만
지극히 실용적인 사회규칙을 신나게 깨뜨리는 무리가 가득하다.
이에 대해 괴테는 이렇게 말했다.


  *평범한 인간은 변덕스레 살지만,*
  *고귀한 이는 질서와 규칙을 추구하는 법이다.*
  _괴테 〈서출의 딸〉 속편 개략 제5막


  광기와도 같은 이런 풍조는 점차 확산되어 모두가 가차 없는
언어 파괴에 발을 담그고 있다. 사격대회에서처럼 누구 할 것 없
이 멋대로 표적을 맞추려고 한다. 지금 독일에는 불멸의 명작을
남길 만한 비할 바 없는 대작가가 단 한 사람도 없으므로 출판업
자, 문사, 신문기자 등이 멋대로 독일어를 개혁하려고 한다. 오늘

날의 길게 수염을 늘어뜨린 무능한 무리, 어떤 뛰어난 작품도 만들어내지 못하는 종족이 한가한 시간에 위대한 작가들이 쓴 모국어를 우쭐대며 수치도 없이 망가뜨리고, 헤로스트라토스[47]와 같은 부끄러운 범죄의 흔적을 남긴다. 과거에는 문학의 대가들만이 개개의 경우에만 고르고 골라서 언어개혁을 했지만, 요즘은 삼류 문사나 신문기자, 수려한 글을 쓰는 척하는 엉터리 문예신문 편집자들이 조리 없이 모국어에 폭력을 휘두르고, 마음에 들지 않는 부분은 변덕스레 빼내고 신조어를 써넣을 자격이 있다고 여기는 것이다.

앞서 이야기했듯이 이러한 언어 절단사들의 맹위는 주로 모든 단어의 접두어와 접미어를 향한다. 그들이 이런 절단술을 통해 지향하는 바는 아마도 간결함이리라. 짧게 하면 더 간명하고 명확하며 힘찬 표현이 된다고 여기는 것이다. 하지만 절단수술을 해도 결국 절약할 수 있는 페이지 수는 너무나도 미미하다. 그래서 그들은 말해야만 하는 부분을 최대한 줄이려고 한다.

그런데 이때 하나하나의 단어를 쪼개는 수법과는 전혀 다른 절

---

47. 헤로스트라토스는 역사에 이름을 남기고자 기원전 356년 아르테미스 신전에 불을 지른 그리스인.

차가 필요하다. 즉 간명하고 간결하게 생각하는 일이다. 하지만 간명하게 생각하는 기술은 아무나 마음대로 할 수 있는 것이 아니다. 게다가 진정으로 간결하며 힘차고 함축적인 표현을 하기 위해서는 어느 개념에도 아무리 미세한 변화나 미묘한 뉘앙스에도 엄밀하게 대응하는 단어를 자유자재로 다룰 수 있는 국어력이 있어야 한다. 모국어를 바르게 사용하면 어떤 문장도 입에서 나오는 순간 발화자가 의도한 대로의 사상을 듣는 이에게 정확히 상기시킬 수 있으며, 듣는 이는 한순간도 그 의미에 대해 의심하지 않아도 된다. 나아가 하나하나의 말의 어간이 다양한 변화에 유연하게 대응하고 여러 개념의 미묘한 차이, 사상의 미묘한 뉘앙스에 딱 맞는 표현이어야 한다. 이를 가능하게 하는 것이 주로 접두어와 접미어다. 이것들은 언어라는 건반 위에서 기본 개념을 전조시킨다.

그래서 영국인도 로마인도 거의 모든 동사와 많은 명사의 의미를 접두어로 전조시키고, 미묘한 뉘앙스를 표현하였다. 라틴어의 주요한 동사를 예로 들면, 'ponere'(두다)는 여러모로 변용된다. Imponere(던져넣다), deponere(넣어두다), disponere(분배하다), exponere(공개하다, 밖에 두다), componere(모으다, 함께 두다), adponere(부가하다, 더해두다), subponere(기만하다, 무시하다), superponere(겹치다, 위에 두다), seponere(분리하다, 떼어두다), praeponere(~을 지도자로 삼다, 앞에 두다), proponere(제출하다, 앞에 두다), interponere(삽입하다, 사이에 두다), tranponere(건너다, 넘어가다) 등이다.

접두어의 이러한 역할은 독일어에서도 분명히 알 수 있다. 예를 들어 명사 'Sicht'(보기)는 Aussicht(전망), 'Einsicht'(통찰), 'Durchsicht'(예측), 'Nachsicht'(너그럽게 보기), 'Vorsicht'(조심, 주시), 'Hinsicht'(관점), 'Absicht'(의도) 등으로 변용된다. 혹은 동사 'Suchen'(찾다)는 'Aufsuchen'(찾아 주워들다), 'Aussuchen'(찾아내다), 'Untersuchen'(알아보다), 'Besuchen'(방문하다), 'Ersuchen'(애원하다), 'Versuchen'(시험해보다), 'Heimsuchen'(~에 들이닥치다), 'Durchsuchen'(~안을 샅샅이 찾다), 'Nachsuchen'(열심히 찾아다니다) 등으로 변용한다. 이것이 접두어의 역할이다. 글을 너무 짧게 쓰려다가 사사건건 위에서 언급한 형태 변화를 모조리 내버리고 항상 'ponere', 'Sicht', 'suchen'만 사용하다가는 굉장히 넓은 기본 개념의 여러 상세한 규칙을 표시하지 않은 채 신과 독자가 알아서 이해하도록 맡기는 셈이 된다. 이래서는 언어가 빈곤해지는 동시에 유려하지 못하고 투박해진다. 그런데도 이것이 명민한 요즘 풍의 언어 개량자들이 행하는 술책이다. 상스럽고 교양이 없는 그들은 이토록 사려 깊은 우리의 선조들이 어리석은 탓에 무의미한 접두어를 붙인 것이라 오인하고, 접두어만 보면 성급히 잘라버리고 제 행동을 자랑스레 여긴다. 하지만 독일어에 무의미한 접두어는 단 하나도 없다. 여러 형태 변화를 통해 기본 개념을 전개시키는 데 도움이 되지 않는 것은 존재하지 않는다. 접두어의 역할이 있기에 명확하고 명료해지며 정교한 표현이 가능하며 결과적으로 힘 있고 간결하며 명확한 표현이 되는 것이다.

이와는 반대로 몇몇 단어에서 접두어를 제거하면 언어가 빈곤해지는 우려스러운 사태를 초래한다. 더욱 걱정스러운 것은 비단 어휘의 상실로 끝나지 않는다는 점이다. 개념마저 상실된다. 왜냐하면 접두어를 제거한 탓에 개념을 고정시킬 수단이 부족해지면, 이야기할 때나 생각을 할 때조차 '대략적인' 정도에서 만족해야 하며, 그로 인해 이야기의 힘과 사상의 명료함이 사라지기 때문이다. 즉 이러한 절단 작업을 추진하면 어휘가 줄어들고 남은 단어로 커버할 수밖에 없는데, 남은 단어 역시 정교한 규정을 잃고 애매함과 불명료함을 조장한다. 그 결과 정확하고 명쾌한 표현, 나아가 힘차고 간결하며 정확한 표현이 불가능해진다. 앞서 언급한 'nur'라는 어휘의 중요성은 이를 잘 설명해준다. 무례한 확장용법으로 표현이 애매해지고 때로는 오류를 일으킨다는 사실은 이미 지적하였다. 하나의 단어에 음절 두 개를 붙이면 그 개념이 더 상세히 규정되는데도 이를 아무렇지 않게 버리다니! 참으로 믿기 어려운 일이지만, 'Indifferentismus' (무관심주의, 신앙무차별론)을 뜻할 요량으로 'Indifferenz' (중립, 무차별)이라 쓰고 음절 두 개

98

를 절약했다고 생각하는 정신나간 무리가 있다.

다시 말해 표현을 명확하게 해줌으로써 진정으로 간결하고 힘 있는 함축적인 문체를 만드는 것이 접두어다. 어간에 미묘한 변화나 뉘앙스를 부여하여 임기응변식으로 전개시키는 접두어는 없어서는 안 될 수단이며, 이는 동사로부터 파생된 명사의 여러 어말인 접미어도 마찬가지다. 이에 대해서는 이미 'Versuch'(시도, 시험), 'Versuchung'(유혹) 등에서 논하였다. 우리 선조들은 어휘와 개념에 미묘한 맛을 가미하는 이 두 가지 수법을 매우 사려 있고 현명하며 적절한 배려로 문장에 사용하며 단어 하나하나를 사용하였다. 그런데 현대에는 정교하지 못하고 무지하고도 무능한 삼류 문사들이 서로 힘을 합해 언어를 남용하여 과거의 예술작품을 파괴하는 데 앞장서고 있다. 이러한 철면피들은 미묘한 뉘앙스의 사상을 표현하는 데 유용한 적절하고 정확한 예술수단을 이해할 생각은 없으면서 글자 수를 세는 것은 염두에 두고 있기 때문이다.

그래서 철면피들은 양자택일의 순간에 접두어와 접미어를 사용해 개념에 딱 맞는 표현을 쓸지, 개념을 대략적이고 일반적으로 나타내어 글자 수를 줄일지 선택할 때 주저 없이 후자에 손을 내민다. 의미에 관해서는 대략적이어도 만족하면서 말이다. 다시 말해 그들의 생각에 정교함 따위는 필요하지 않다. 이것저것 따지지 않고 묶어서 다루므로 글자 수만 줄이면 그만이다.

하지만 거기에 간명하고 힘 있는 표현, 언어의 아름다움이 달려 있다. 가령 'So etwas ist nicht vorhanden'(그런 것은 현존하지 않는다)라고 해야 하는데, 글자 수를 대폭 줄일 수 있다는 이유만으로 'So etwas ist nicht da'라고 표현한다. 그들의 지상원칙은 간결함을 위해 정당하고 적절한 표현을 희생시키고, 대용품일 뿐인 다른 짧은 표현을 쓰는 일이다. 이런 상황이라면 언어는 시간이 지날수록 정교함과 그 색채를 잃고 종국에는 자기들끼리만 이해하는 은어가 되어 버린다. 독일 국민이 다른 유럽 국민들에게 자랑할 수 있는 유일하고 진정한 장점인 언어가 제멋대로 망가진다. 독일어는 다른 주요 유럽 언어와는 비교가 되지 않을 만큼 격조 높고 기품이 있다.

그러나 정교하고 정확한 사고를 받아들이고 지키기 위해 사색하는 정신을 통해 전해져온 언어, 더할 나위 없이 유연한 도구, 이 영묘한 것에 대한 센스를 철면피들이 어찌 가지고 있단 말인가. 그들은 기껏해야 글자 수를 세는 정도인 것을…. '현대'의 고귀한 자손들이 언어 파괴에 몸을 맡기는 모양을 보라. 차분히 살펴보라. 벗겨진 머리, 긴 수염, 눈 대신에 안경이 있고 짐승 같은 입에는 사상 대신에 여송연을 물고 단정한 코드 대신에 대충 옷을 걸친 채 근면 대신 여기저기 기웃거리며 지식 대신에 오만불손, 공적 대신에 주당을 짜니 뻔뻔스럽다. 이것이 고귀한 '현대', 빛나는 아류, 헤겔 철학의 젖을 먹고 자란 세대다. 그들은 영원의 기념으로 흐느적대는 손을 유서 깊은 독일어에 갖다대고 그 흔적을 화석처럼, 그들의 텅 빈 어리석은 존재의 추억으로 영원히 남기려 한다. 하지만 신이 보고 계신다. 꺼져라, 철면피들아. 자신의 생각을 담은 말, 위대한 시인의 노래, 위대한 사상가가 남긴 글, 그것이 바로 독일어다. 줏대 없는 손을 거두어라. 그러지 않으면 너희를 기다리는 것은 굶주림뿐일지니(그들은 오직 배고픔만을 두려워한다).

구독법도 너무 일찍 학교 교육에서 사라진 탓에 배우지 못하고 자란 젊은이들의 당치 않은 요즘 식의 국어 개악의 먹잇감이 되고 있으며, 오늘날은 대개 고의로 제멋대로 쓰이고 있다. 애당초 삼류문사들이 마음속으로 무엇을 그리고 있는지 정확히 알 수 없지만, 아마도 천치들은 프랑스류의 사랑해야 할 '가벼움'을 표현하고 싶은 것이리라. 그렇지 않으면 견해의 가벼움을 증명하고 싶은 것이고 그것을 알아차리길 바라는 것이겠지. 인쇄업자의 구독법이 황금이라도 되는 듯 소중히 여기고 이를 위해 필요한 콤마의 4분의 3은 잘려나갔다(아는 사람은 알아서 가늠하라는 소린가!). 종지부를 찍어야 하는 곳에 콤마, 기껏해야 세미 콤마를 두는 정도다. 그 결과 어느 문장이든 두 번은 읽어야만 한다. 그러나 구독법에 따라 문장을 나누는 이상, 거기에는 각 문장의 논리가 나름대로 작용하고 있다.

그래서 이렇게 고의로 대충 사용한 구독법은 대부분의 경우 분명한 모독행위인데도 현재는 극히 빈번하게 볼 수 있다. 신의 어심대로 쓴다는 문법학자마저, 고전작가의 개정판에서조차 그 피해를 면하지 못한다. 간결하게 하는 목적이 독자의 시간 절약을 위해서라면 음절에 인색하게 굴며 글자 수를 세느라 바쁘기보다 구독법을 충분히 활용하여 어휘가 어느 문장에 속하고 어떻게 연결되는지 독자가 바로 알아볼 수 있도록 하는 편이 훨씬 이득이다.[48] 허술한 구독법은 프랑스어의 경우 단어의 배열이 극히 논리적이어서 짧게 정리할 수 있음이 확인된다. 영어의 경우 문법이 꽤 빈약하여 허용되는 것이지, 조어(祖語)라고 해야 할 언어에는 적용할 수 없음이 명확하다. 이러한 언어 자체, 풍부한 기예의 문장을 가능하게 하는 복잡한 학술적 문법을 구비하고 있는데, 그리스

-----

48. (원주) 김나지움의 선생님들은 라틴어로 논문을 쓰는데, 필요한 콤마의 4분의 3을 생략하는 탓에 그렇지 않아도 어려운 라틴어가 더 어렵게 느껴진다. 그런데 이들이 그렇게 함으로써 잘난 척을 하고 있음을 안다. 허술한 구독점의 견본은 진테니스 교정의 플루타르코스로 구독점이 거의 빠져 있다. 마치 일부러 독자가 이해하기 어렵게 쓴 것처럼 말이다.

어, 라틴어, 독일어가[49] 이에 속한다.

여기서 간결한 문체, 잘 다듬어진 간명하고 적합한 문체로 화제를 돌려보자. 이런 문체는 풍요롭고 중후한 내용의 사상에서 자연스레 생겨나는 것이며, 내가 엄격히 질책한, 표현을 간략히 하기 위해 단어나 어구를 절단하는 보고 있기 힘든 수법을 전혀 필요로 하지 않는다. 즉 중후하고 풍부한 내용의, 쓸 만한 가치가 있는 사상이 존재하면 소재와 내용에 부족함 없이 그런 사상은 문법과 어휘의 모든 면에서 충분히 완벽한 문장을 만족한다. 공허하고 무의미한, 경솔한 부분이 전혀 없을 뿐만 아니라, 항상 간결하고 간명한 문체가 된다. 그리고 사상은 이해하기 쉽게 딱 맞는 표현을 만나 우아하게 전개된다.

그러니 단어 하나하나를 잘라내거나 문장 형태를 작게 만드는 것

---

49. (원주) 이 세 가지 언어를 여기 나열한 것은 당연하지만, 여기서는 프랑스인의 언어관에 주의를 기울이자. 멋진 척하는 프랑스인의 국민적 우울은 몇 세기도 더 전부터 유럽 내의 웃음거리인데, 그들의 언어관은 그러한 극치를 보여준다. 대학에서 사용되는 〈비교 문법입문, 세 가지 고전어 학습 안내〉에서는 제3의 고전어로 프랑스어를 들고 있다. 가장 볼품없는 로망스어의 은어, 더없이 심하게 라틴어를 불구로 만든 언어가 제3의 고전어라니! 이 초라한 언어가 그리스어와 라틴어와 어깨를 나란히 하는 고전어라니! 온 유럽이 소리 높여 웃으며, 온갖 잘난 척하는 사람 중에서도 가장 부끄러움을 모르는 무리의 콧대를 꺾어주어야 하지 않겠는가.

이 아니라, 먼저 사상을 크고 풍부하게 꽃 피우게 하라. 막 병에서
나은 사람이 몸에 맞지 않는다며 옷을 줄이는 것이 아니라, 먼저 체
중을 회복시켜 원래대로 옷이 몸에 맞도록 해야 하듯 말이다.


13

오늘날 문학은 침체되고 고전어의 경시는 점점 심해지고 있는
데, 문체에 있어 독일 특유의 결점은 문체가 주관적, 자기중심적
이라는 점이다. 즉 저자가 무엇을 말하고 싶은지, 의도하는 바가
무엇인지 저자 본인이 알고 있으면 독자가 어떻게 읽든 상관없다
는 태도다. 그들은 독자에 대해서는 신경 쓰지 않고 독백을 읊듯
그냥 쓴다. 하지만 글을 쓴다는 것은 결국 묻고 답하는 대화와
같다. 게다가 상대의 질문을 직접 듣지 못하는 만큼 훨씬 더 명료
하게 표현해야만 한다.

그렇기에 문체는 주관적이어서는 안 되고 객관적이고 공정해야
한다. 저자가 생각한 대로 독자도 생각할 수 있도록 배려하며 써
야 하는 것이다. 그런데 이것이 잘 되려면 저자가 언제나 사고도
중력의 법칙에 따르는 것을 명심하고 있어야 한다. 사고가 머리에
서 종이로 내려오기란 쉬운 일이지만, 종이에서 머리로 올라가기
란 훨씬 어려운 법이라서 온갖 방법의 도움이 필요하다. 그렇게

쓰인 글은 완성된 유화 작품처럼 순수하게 객관적으로 작용한다. 그에 반해 주관적인 문장은 벽의 얼룩보다도 어지러운 인상을 준다. 더러 상상력을 자극받아 얼루기 무늬처럼 보이는 사람도 한 명쯤은 있을지 모르지만, 일반적인 사람들에게는 그저 얼룩일 뿐이다. 지금 화제로 삼고 있는 주관적 문체, 객관적 문체의 차이는 표현 방법 전체에도 적용되며, 개별적인 사례에서도 종종 볼 수 있다. 예를 들어 최근의 신간서적에서 '나는 대량의 개간서의 수를 늘리기 위해서 집필한 것이 아니다'라는 문장을 접하였다. 이는 저자의 의도와는 정반대의 의미를 고하는 어리석기 그지없는 일이다.


14

성의 없이 글을 쓰는 자는 처음부터 자신의 사상에 큰 가치를 두지 않음을 고백하는 것과 같다. 자신의 사상이 얼마나 중요하고 진리를 품고 있는지 확신한다면 저절로 열정이 샘솟는 법이다. 그런 열정은 명료하고 아름다우며 힘찬 표현을 추구하는 데 있어 반드시 필요하며, 일반 사람이라면 성스러운 유물이나 헤아릴 수 없을 만큼 가치 있는 공예품, 금과 은으로 만들어진 그릇을 보았을 때나 솟구치는 감격이리라. 그러니 자신의 언어로 쓴 사상이 수천 년 동안 이어지고, 그로 인해 거장이라는 명예로운 칭호를 얻은 옛 작가들은 늘 세심한 주의를 기울이며 집필에 임했다. 플라톤은 저서 《국가》의 서문을 쓸 때 일곱 번이나 다시 썼다고 한다.

반면에 독일인은 문체와 복장에 있어서 다른 국가들보다 유별나게 무성의하다. 이런 칠칠치 못함은 국민성에 기인한다. 하지만 성의 없는 옷차림으로 사교의 장에 나가면 동석자들을 경시하는 것이 드러나듯, 대충 날림으로 문장을 쓰면 독자를 모욕하고 무시하는 증거가 된다. 이 경우 독자는 당연히 읽지 않고 묵살한다.

원고료를 얻고자 무성의한 문체로 타인의 작품을 비평하는 비평가만큼 우스운 것도 없다. 마치 재판관이 슬리퍼에 잠옷 차림으로 법정에 임하는 것과 다르지 않다. 이에 비해 영국이나 프랑스의 〈에든버러 리뷰〉나 〈주르날 데 사방〉은 얼마나 꼼꼼히 작성되었는지 모른다. 지저분하고 헤진 옷을 입은 인간과 대화를 나누는 일에 주저하게 되듯이 부주의함으로 가득한 문장이 갑자기 날아든다면 나는 책에서 손을 뗄 것이다.

거의 백 년 전까지만 해도 특히 독일에서는 학자들이 라틴어로 글을 썼다. 라틴어의 실수는 부끄러운 일이었을 것이다. 틀리지 않도록 애쓰는 것은 물론이고, 대부분의 학자들은 바르고 우아한 라틴어를 쓰고자 진지하게 노력하고 많은 이들이 이에 성공했다. 지금이야 이런 족쇄에서 벗어나 모국어로 써도 되는 편안함을 손에 넣은 이상, 적어도 정확하게, 그리고 가급적 우아하게 쓰고자 해도 되지 않겠는가. 프랑스, 영국, 이탈리아에서는 그렇게 하고 있다. 그런데 독일은 그 반대다. 그들은 임시로 고용된 종업원처럼 할 말을 휘갈긴다. 뻔뻔스러운 수다를 그대로 옮겨 쓰니 문체도 없고, 문법이나 논리도 없다. 즉 현재 완료형이나 과거 완료형을 써야 할 곳에 늘 미완료 과거형을 쓰고, 소유격이 들어갈 자리에 탈격을 넣는다. 다른 전치사가 필요한데 항상 'für'로 때운다. 이 전치사는 여섯 중 다섯 번은 잘못 사용되고 있다. 요컨대 모든 문장 작법상의 어리석은 짓을 벌인다. 이에 대해서는 이미 몇몇을 지적하였다.


15

독일어 어폐의 예로 'Frau'와 'Weib'가 무분별하게 쓰이는 경향이 확대되고 있음을 들 수 있다. 이대로 간다면 독일어는 점점 빈곤해질 수밖에 없다. 'Frau'는 라틴어로 'uxor(아내)', 'Weib'는 'mulier(여자)'에 해당한다. 'Mädchen(소녀)'는 아직 'Frau'가 아니지만 앞으로 될 것이다. 13세기에도 혼동되어 쓰인 예가 있으며, 나중에야 비로소 호칭이 구별되었다고 한다.

여자가 여자라고 불리기를 원하지 않는 것은 유대인이 이스라엘인, 바느질쟁이가 재단사로 불리기를 바라는 것과 같은 이유다. 상인이 자신의 일터를 '오피스'라고 부르는 것도, 농담이나 조크를 '유머'라고 칭하려는 것도 역시 이유는 같다. 즉 말 그 자체가 아니라, 그와 관련된 사정들이 문제인데 말 탓으로 돌리고 있는 것이다. 말이 그러한 사정들을 경시하게 만드는 것이 아니라 오히려 그 반대다. 그러니 이백 년쯤 지나면 관계자들은 지금과는 다른 말을 사용하자고 할지도 모른다.

하지만 독일어는 여자들의 변덕 때문에 'Weib'라는 말을 잃어서는 안 된다. 단 하나라도 독일어를 빈곤하게 만들도록 놔둘 수 없다. 그러니 여자들이나 티타임의 상대인 알맹이 없는 경박한 문사들이 폭주하도록 두어서는 안 된다. 'Frau'라고 불리고 싶어하는 여자들의 승냥이 또는 숙녀 기질이 결국에는 유럽을 'Frau' 투성이로 만들고 일부다처제를 초래할 수 있음을 고려할 일이다.

게다가 'Frau(아내)'라는 말은 'ältlich und abgenutzt(이제 젊지 않은 데다 한물갔다)', 즉 조강지처의 뜻을 품고 있다. 'grau(회색, 음기, 쓸쓸함)'과 어감이 비슷하다(국가가 피해를 입지 않도록 여자들이 배려해주길).[50]

---

50. 키케로의 말 '국가가 피해를 입지 않도록 집정관이 배려해주기를'에서 착안했다.

16

설계도를 미리 그리고 세부적인 부분을 완성해가는 건축가처럼 글을 쓰는 이는 드물다. 오히려 대부분의 저자들은 도미노 게임을 하듯 글을 쓴다. 다시 말해 절반은 의도적으로, 나머지 절반은 우연히 도미노 조각이 차례차례 줄을 서듯이 문장이 연결된다. 전체가 어떤 형태가 될지, 결말은 어떻게 될지 짐작하기 어렵다. 많은 저술가가 전체상조차 모른 채 산호충이 산호초를 만들듯이 글을 쓰는 셈이다. 글은 이어져 결국 그 끝은 신만이 아신다. 게다가 '현대' 생활은 맹렬한 속도로 진행된다. 문필의 세계에서 빠른 속도는 극도로 거칠고 성의 없는 문장으로 드러난다.


17

문장 표현의 기본 원칙은 인간은 한 번에 한 가지 생각만 명료하게 할 수 있다는 것이다. 한 번에 두세 가지의 다른 생각을 하게 만들기란 어차피 어려운 요구다. 그런데 주된 문장을 세분화하고 그 틈새에 몇몇 생각을 삽입문으로 끼워넣는 저자는 어려운 요구를 하고 멋대로 혼란을 초래한다. 독일 작가들이 주로 이런 짓을 한다. 독일어는 다른 현대 유럽어에 비해 삽입문을 사용하기가 수월하다. 맞는 이야기라고 할지도 모르겠지만, 그렇다고 해서 이런 사실을 칭찬해도 되는 것은 아니다.

프랑스어로 쓴 산문처럼 기분 좋게 술술 읽히는 글은 없는데, 이는 프랑스어에 이런 결점이 없기 때문이다. 프랑스인은 자신의 생각을 가급적 논리적이고 자연스러운 순서로 나열한다. 독자로 하여금 음미하기 쉽도록 순서를 따라 제시한다. 그래서 독자는 저자의 생각 하나하나에 집중할 수 있다.

반면에 독일인은 몇 가지 생각을 짜맞추어 이리저리 꼬인 문장을 만든다. 여섯 가지 이야기를 하는데 하나씩 꺼내놓지 않고, 단번에 말하려고 한다. 주장하는 바를 하나씩 이야기하라. 여섯 가지 일을 한 번에 섞어서 말해서는 안 된다. 저자는 독자의 주의를 끌고 붙잡아 두려 해야 하는데, 오히려 인간은 한 번에 한 가지 생각밖에 하지 못한다는 이해력의 법칙에 반하여 서너 가지의 다른 것을 한 번에 생각하도록 요구한다. 혹은 그것이 불가능하므로 재빨리 번갈아가며 몇 가지 일을 생각하도록 요구하는 것이다. 뻣뻣하고 어색한 문체가 되는 것은 이 탓이다. 게다가 지극히 간단한 내용을 전달하는 데도 멋 부리고 허풍스러운 표현을 사용하며, 그 밖에도 비슷한 종류의 수법을 구사하여 그러한 문체를 만들어낸다. 독일인의 진정한 국민성은 둔중함이다. 걸음걸이, 행동거지, 언어와 화법, 이해하는 방식과 사고방식에서 둔중함이 두드러지며, 특히 문체에서 현저히 드러난다. 길고 둔중하며 복잡한 문장을 쓴다. 독자는 5분 동안 기억력에만 의존해 끈기있게 견딘 끝에 문장의 마지막에 가서야 겨우 이해력이 활약할 찬스를 얻고 수수께끼가 풀리는 식이다. 독일인은 이런 문장을 쓰고 흡족해한다. 나아가 멋 부리고 과장된 문체, 엄숙한 위엄을 가미할 수 있다면 작가는 거기에 빠져 만족스러워 한다. 하늘이시여, 독자에게 인내력을 내려주소서.

특히 독일인은 되도록 애매하고 막연한 표현을 쓰는 것에 열심이다. 그로 인해 모든 표현이 안개에 싸인 듯 흐릿하다. 어느 문장에든 도망갈 구실을 마련해두는 것이 목적인 듯하다. 혹은 허세를 통해 실제보다 더 고도의 사상을 이야기하는 것처럼 보이려는 것 같다. 또한 독일인 특유의 둔감한 꾸물거림이 이 특성의 기저에 자리하고 있다. 외국인들이 독일어 서적을 특별한 까닭 없이 꺼리는 것도 바로 그런 이유에서다. 외국인들은 암중모색을 선호하지 않는다. 독일인에게는 기질적으로 이런 문체가 맞는 모양이다.

독일어 문장은 서로 얽힌 긴 삽입문을 가득 담아, 사과를 뱃속에 넣고 요리한 거위 구이처럼 수북한 느낌이다. 읽을 때 미리 시간을 신경 쓰지 않아야 하고, 무엇보다도 기억력이 요구된다. 그래서 본래 상기되어야 할 이해력과 판단력이 활동하기 어려워지고 약해진다. 이러한 문장이 전달하는 어중간한 언사를 독자는 주의 깊게 정리하고 잘 기억해두어야만 한다. 마치 찢어진 편지의 전반부처럼 나머지 뒷부분이 보완되어야만 비로소 의미를 파악할 수 있으니 말이다. 그러니 독자는 일단 아무 생각 없이 한동안 읽어나가야 한다. 마지막까지 읽어보면 알겠지, 무언가 생각할 만한 것을 얻으리라 기대하면서 전부 기억에 담아두어야 하는 것이다. 독자는 이해에 다다르기 전에 암기해야 할 내용이 가득하다. 이는 명백히 독자의 인내력을 남용하는 악행이다. 평범한 두뇌의 소유자일수록 대놓고 이런 문체를 편애하는 것은 보통의 독자라면 금세 알 수 있는 내용을 굳이 수고를 들여 어렵게 이해시키면 마치 저자가 독자보다 심오한 학자처럼 비치기 때문이다. 이 역시 앞서 말한 수법 중 하나로, 평범한 사람은 이런 수단을 구사하여 무의식적으로 또 본능적으로 자신의 빈곤한 정신을 감추고 그와 반대의 인상을 주려고 애쓴다. 그들이 이런 데서 발휘하는 창의성에 놀랄 따름이다.

그런데 전혀 다른 두 가지 생각을 막대기를 잘라 십자가를 만들 듯이 교차시키는 것은 명백히 상식에 반하는 일이다. 일단 주장하기 시작한 바를 중단하고 그 사이에 전혀 다른 주장을 넣으면 이렇듯 십자가 같은 문장이 완성된다. 문장이 보완되고 완성되기까지 독자는 의미도 모른 채 시작된 문장을 계속 읽어야 하는 것이다. 이는 손님에게 무언가 요리가 담길 것을 기대하게 하면서 빈 접시를 건네는 행위다. 애당초 원래의 문맥에서 벗어난 삽입문

112

은 하단의 주(注)나 텍스트 내의 대쉬(-)로 삽입된 어구와 같은 종류다. 이 셋의 차이는 정도의 차이에 불과하다. 데모스테네스[51]나 키케로도 때때로 이런 삽입문이 들어간 문장을 썼지만, 자제하는 편이 좋았을 듯싶다.

유기적인 관련성이 전혀 없는 삽입문을 끼워넣을 뿐만 아니라, 문장을 거리낌 없이 잘라 넣으면 지극히 악취미의 문장 구조가 된다. 다른 사람의 이야기를 도중에 끊는 것은 무례한 짓인데, 이런 문장 구조를 통해 스스로 제 말을 끊어버리는 것도 무례하기는 마찬가지다. 최근 몇 년 동안 눈앞의 빵에 현혹되어 펜을 굴리는 조잡하고 무성의하며 성급한 삼류 문사들은 모두 각 페이지에 여섯 차례의 비상식적인 짓을 하고 의기양양해 있다. 그들은 가급적 본 몸통과 가지나 이파리, 원칙과 실제 예를 동시에 나타내고자 하며, 문장을 중간에 자르고 다른 문장을 억지로 끼워넣는다. 그들이 그렇게 하는 것은 무성의해서가 아니다. 어리석은 탓에 그것이 문장에 정교함과 색채를 부여하는 '가벼움'이라 여기는 것이다. 허용될 수 있는 경우는 거의 없을 테지만.

---

51. 데모스테네스 (기원전 384~기원전 322) 고대 아테네의 정치가. 반마케도니아파의 중심적 인물. 교묘한 변론술로 시민의 결집을 도모하였으나, 마케도니아와의 전쟁에 패해 자살하였다.

18

논리학에서 분석적 판단을 말할 때, 분석적 판단은 아둔한 느낌을 주기 때문에 본래 훌륭한 글에는 등장시키지 않아야 한다고 넌지시 덧붙이기 바란다. 유개념(類槪念)에 이미 포함되어 있는 속성을 굳이 개체개념에 부여할 때 가장 두드러지게 나타난다. 예를 들면 뿔 달린 소나 환자를 치료하는 일을 하는 의사라든지 하는 설명이다. 따라서 분석적 판단이 도움이 되는 것은 설명이나 정의가 필요한 경우뿐이다.


19

비유는 미지의 대상과의 관계를 자신에게 익숙한 것으로 환원시킬 때 큰 가치를 가진다. 비유를 한층 상세히 하면 우화나 우의가 되는데, 이 역시 어떤 관계성을 가장 단순하고 명백하며 알기 쉬운 표현으로 바꾼 것에 지나지 않는다. 심지어 모든 개념 형성은 기본적으로 비유에서 출발한다. 개념은 여러 사물의 비슷한 점을 모으고 비슷하지 않은 점을 내버리는 것을 통해 점차 형성되기 때문이다.

나아가 진정한 이해란 결국 자신과 대상의 관계성을 파악하는 일이다. 그런데 전혀 다른 여러 사례나 이질적인 일에서 자신에게 익숙한 대상과의 관계가 성립하는 것을 재인식한다면 어떤 관계든 그만큼 한층 명백히 이해할 수 있을 것이다. 즉 나와 대상 사이에 관계가 있어도 내가 하나의 사례밖에 모르면 나는 그저 개인적 인식, 다시 말해 겨우 직관적 인식을 획득할 뿐이다. 하지만 두 개의 다른 사례에 동일한 관계성이 성립한다는 것을 파악하자마자 나는 그 종(種) 전체의 개념, 더 깊고 완전한 인식을 얻는 것이다.

비유는 인식의 강력한 추진력으로 작용한다. 그렇기에 의외성이 넘치면서도 딱 맞는 비유를 구사하는 것은 깊은 이해력을 지녔다는 증거다. 일찍이 아리스토텔레스도 이렇게 말했다. "무엇보다 위대한 일은 비유를 찾아내는 일이다. 이 비유만은 다른 사람에게서 배울 수 없으며, 그것은 천부적인 재능의 증거다. 뛰어난 비유를 구사하려면 동질성을 꿰뚫어보아야 하기 때문이다." 《시학》 또 이런 말도 했다. "철학에서도 확연히 다른 사물에서 동질성을 찾아내는 것은 예리한 통찰력의 징표다." 《수사학》


20

인류의 뛰어난 선조가 어디에 있었건 가장 훌륭한 예술작품이라 할 수 있는 언어 문법을 만들어낸 선조는 실로 위대한 사람들이었다. 품사를 만들고 명사, 형용사, 대명사를 성과 격, 동사의 시제와 화법을 구별하고 확정짓지 않았는가. 미완료 과거형, 현재 완료형, 과거 완료형이 있으며, 그리스에는 추가로 불확정 과거형이 있어 면밀히 구별된다. 모두 인간의 사상을 완전히 또 당당히 표현하기 위한 적절하고도 충분한 실질적 도구, 사색의 미묘한 뉘앙스나 전조를 받아들이고 정확히 재현할 수 있는 도구를 갖추려는 드높은 목적에서 탄생한 것이다.

그런데 지금 그러한 예술작품을 개악하는 현대인, 독일의 삼류 문사 조합을 만드는 줏대 없고 둔감하며 허술한 무리를 보라. 그들은 지면을 절약하기 위해 저 세심한 구별을 쓸데없이 긴 것으로 취급하고 배제하려 한다. 그 결과 과거 시제는 모두 미완료 과거형의 틀에 부어지고, 오로지 미완료 과거형만이 발언한다. 앞서 내가 절찬한 인류의 선조, 문법의 어형을 발안한 사람은 그들의 눈에 완전히 바보, 모든 것을 일률적으로 취급하고 유일한 보편적 과거시제로서 미완료 과거형을 사용하는 기술도 모르는 멍청이로 비친 것이 틀림없다. 하물며 세 가지 과거형에 만족하지 못하고 두 개의 불특정 과거형을 추가한 그리스인은 그들의 눈에 얼마나 어리석어 보였을까.[52]

---

52. (원주) 오늘날의 무시무시한 언어 개악자들에게 있어 정말로 안타까운 점은 그들이 그런 그리스인들 속에서 살지 못했다는 것이리라. 만약 그랬더라면 그들은 그리스 문법을 엉망으로 만들어 무슨 말인지 알 수 없게 만들었을 터다.

나아가 그들은 접두어를 불필요한 종양으로 취급하고 잘라내기에 급급하다. 소멸되지 않고 남아 있는 것만으로 이해하라고 말해도 불가능하다. 문장 전체를 밝게 비추는 'nur(그저 ~뿐)', 'wenn(~라면)', 'um(~를 위해서)', 'zwar(과연)', 'und(그리고)' 등의 중요한 논리적 불변화사가 지면의 절약을 위해 사라지고, 독자는 어둠 속에 남겨진다. 그런데 이를 환영하는 저자들이 적지 않다. 그들은 일부러 이해하기 어렵게 모호한 문장을 쓰려고 한다. 그렇게 하면 독자가 자신들에게 존경심을 품을 것이라 착각한다. 이 얼마나 한심한 족속이란 말인가! 그들은 한 음절을 득 보기 위해 뻔뻔스레 허술한 문법과 어휘로 언어를 망치고 있다. 때를 가리지 않고 한 음절이라도 없애려고 마음껏 나름의 수법을 펼친다. 그렇게 하면 간결하고 명확한 문장이 될 것이라는 어리석은 믿음을 갖고 있다. 얕은 지혜를 짜내는 제군들이여, 간결하고 명확한 문장은 음절 삭제와 전혀 무관하며, 그대들로서는 이해하지 못하는 데다 갖추지도 못한 특성을 필요로 하는 것이다. 그런데도 그들의 바보짓은 비난을 받기는커녕 어리석은 자들이 떼를 지어 즉각 모방에 나서고 만다. 국어 개악이 예외 없이 널리 추종자를 얻는 것은 음절의 중요성을 이해하지 못해도 잘라내기만 해도 된다면 바보의 지혜로도 충분하기 때문이다.

언어는 예술작품이므로 객관적으로 다루어야 한다. 따라서 모든 규칙을 따르고 의도한 대로 표현되어야 한다. 어떤 글이든 주장하는 바가 객관적으로 명백하고 실제로 증명될 수 있는 것이어야 한다. 말은 저마다의 주관적인 것일 뿐이라고 여기고, 제 생각을 타인이 추측해줄 것이라 기대하며 문법의 격을 아예 표시하지 않거나 과거를 전부 미완료 과거형으로 나타내고 접두어를 제거하는 등 허술하게 작성해서는 안 된다. 옛날 동사의 시제와 화법, 명사와 형용사의 격에 대해 아이디어를 내고 구별한 선인과 그 문법의 고마움도 모르고 하나부터 열까지 내던지려는 현대인 사이에는 얼마나 큰 간극이 있다는 말인가. 그들은 대략적인 내용을 말할 수 있는 것에 만족하고, 자신들에게 알맞은 어리둥절한 은어를 남길 기세다. 이것이 오늘날의 매문업자, 모든 정신이 파괴된 시대의 돈만 밝히는 삼류 문사들의 모습이다.

신문기자들에게서 시작된 독일어 파괴행위를 두고 학자들은 멋대로 칭찬하고 탄식하며 문예신문과 저서를 계승한다. 학자들은 적어도 풍조에 반대하는 실제 예를 보이고, 단정하고 올바른 독일어를 지키고 이러한 사태를 저지하고자 애써야 한다. 하지만 단 한 사람도 그렇게 하지 않는다. 저항하는 인간은 찾아볼 수 없다. 문단의 저속하기 짝이 없는 인간들로부터 학대당하고 있는 언어에 구원의 손길을 내미는 자는 하나도 없다. 오히려 염소처럼 맹목적으로 어리석은 자를 뒤따른다.

이 같은 태도는 국민성에서 비롯한다. 독일인만큼 스스로 판단하고 제 판단에 의거해 단죄하기를 즐기지 않는 국민은 없다. 인생과 문학은 끊임없이 그 계기를 부여해주는데 그들은 오히려 어리석기 그지없는 언어 파괴를 따라하며 '시대의 정점에 있다', 시류에 뒤처지지 않고 최첨단의 작가라고 착각하고 있다. 그들은 비둘기처럼 얌전하고 분노할 줄 모른다.[53] 하지만 분노를 모르는 인간은 지성도 없다. 지성은 일종의 뾰족함과 날카로움을 품고 있으며, 그래서 매일 실생활, 예술이나 문학에서 무수한 일에 조용한 비난과 조소를 느끼는데, 그것이 어리석은 모방을 저지시켜 준다.

---

53. 셰익스피어 《햄릿》 제2막 제2장, 햄릿의 대사.

**독서에 대하여**

1

무지는 인간의 품위를 떨어뜨린다. 하지만 인격이 하락하기 시작하는 것은 무지한 자가 부자가 되었을 때다. 가난은 빈곤한 습관이 생기게 해 일이 지식을 대신하고, 머릿속은 일에 대한 생각으로 가득 찬다. 반면에 무지한 부자는 그저 정욕에 젖어 가축과 다를 바 없다. 게다가 이들에게는 부와 여가 시간을 가장 가치 있는 일에 쓰지 않았다는 비난이 가해진다.

2

책을 읽는다는 것은 스스로 생각하지 않고 남이 대신 생각해주는 일이다. 타인의 마음의 움직임을 어루만지고 있는 것뿐이다. 마치 학생이 글씨를 배울 때 선생님이 연필로 그려준 선을 따라 펜을 움직이는 것과 같다. 따라서 책을 읽으면 사고하는 활동을 거의 하지 않는다. 제 머리로 생각하는 활동에 거리를 두고 독서로 옮겨가면 마음이 편안해지는 것은 바로 그 때문이다. 그런데 독서를 하고 있으면 우리의 머리는 타인의 사상이 뛰노는 놀이터에 불과하다. 독서를 멈추고 타인의 사상이 우리 머릿속에서 물러나면 대체 무엇이 남는가? 그러니 거의 하루 종일 많은 책을 읽고 있으면 아무 생각도 없이 시간을 보낼 수 있으니, 휴식은 되겠지만 스스로 사고하는 능력은 점점 약해진다. 항상 말을 타고 다니다가는 결국 두 발로 걷지 못하게 되는 것과 같은 이치다.

이는 매우 많은 학자에 해당된다. 그들은 다독하는 탓에 어리석어지고 있다. 틈만 나면 곧장 책을 손에 들고 쉼 없이 독서를 하면 끊임없이 손을 써서 일을 하는 것보다 정신이 더 마비된다. 손으로 일을 하면서는 이런저런 것에 대해 생각할 수 있기 때문이다.

용수철에 줄곧 압력을 가하면 결국 탄력을 잃듯, 남의 생각을 강요받다보면 정신도 탄력성을 상실한다. 영양을 과잉 섭취하면 위장에 문제가 생겨 점차 몸 전체가 망가지듯이, 정신도 영양분을 지나치게 밀어넣으면 질식할 우려가 있다. 다시 말해 많이 읽을수록 읽은 내용이 독자의 정신에 그 흔적을 남기지 못한다. 그래서 반추하고 차분히 곱씹어볼 수가 없다.[1] 하지만 음식을 입으로 가져가도 소화를 시켜야만 비로소 영양분이 되듯, 책을 읽어도 자신의 피와 살이 되는 것은 반추하고 곰곰이 생각한 내용뿐이다. 끊임없이 책만 읽고 그 내용을 생각하지 않으면 기껏 읽은 것도 제대로 뿌리 내리지 못하고 대부분 사라지고 만다. 정신의 영양분도 신체의 영양분도 다르지 않으며, 고작해야 섭취한 음식의 50분의 1 정도가 흡수되는 것에 지나지 않는다. 나머지는 증발, 호흡작용 등등으로 사라진다. 하물며 종이에 적힌 사상은 모래 위에 남은 앞선 보행자의 발자국 이상의 것이 아니다. 보행자가 걸어간 길은 보이겠지만, 그가 걸으면서 무엇을 보았는지 알려면 독자가 스스로 자신의 눈을 이용하여 보지 않으면 안 된다.


3

　작가에게는 설득력, 풍부한 이미지, 비유 능력, 대담함, 신랄함,

---

1. (원주) 계속해서 새로운 것을 읽고, 끊임없이 새로운 지식이 무서운 속도로 들어올수록 앞서 읽은 것을 잊어버리는 속도가 빨라진다.

간결함, 우아함, 경쾌함, 재치와 의의를 만들어내는 대조, 핵심적인 표현, 소박함 등 여러 가지 특성이 있다. 하지만 그 작가의 작품을 읽었다고 해서 그러한 특성이 내 것이 되지는 않는다. 그래도 우리가 그런 특성을 소질과 잠재력으로 가지고 있으면 독서를 통해 그것을 마음에 상기시키고 자각할 수 있다. 그러한 것들이 모두 어떤 성과를 거두는지 볼 수 있으며, 사용해보고 싶다는 마음, 아니 용기를 키울 수 있다. 나아가 사용했을 때의 효과를 실제 예를 통해 판단하고, 올바른 사용법을 배울 수 있다. 그리하여 비로소 우리는 그 작가의 특성을 실제로 제 것으로 만들 수 있다.

독서가 글쓰기 수업이 되는 유일한 방법은 우리 자신의 천부적인 재능의 사용법을 배움으로써, 우리가 그런 소질을 갖고 있다는 것을 전제로 한다. 이 전제가 없으면 독서를 통해 배울 수 있는 것은 차갑고 의도적인 기교뿐이며, 우리는 깊이 없는 모방자가 되어 버린다.


4

국민의 건강관리를 담당하는 당국은 독자의 눈 건강을 위해 일정 크기보다 작은 활자를 사용하지 않도록 감시했으면 한다(내가 1818년에 베네치아를 방문했을 때, 당시 제대로 된 베네치아 체인이 제조되고 있었다. 금속 세공사의 이야기에 따르면, 정교한 체인을 제작할 수 있는 사람은 서른 살이면 실명한다고 했다).


5

지층이 태고의 생물을 시대순으로 잘 보존하듯이 도서관의 서가도 순서에 맞게 과거의 오류와 그 상세한 글을 보관하고 있다. 이러한 언설은 태고의 생물과 마찬가지로 당시에는 큰 소동을 일으켰지만, 지금은 굳어 화석이 되었고 문헌학자라는 고생물학자가 관람할 뿐이다.


6

헤로도토스[2]에 따르면 페르시아 왕 크세르크세스[3]는 구름처럼

---

2. 헤로도토스 (기원전 484년경~?) 고대 그리스의 역사가. 오리엔트 각지를 여행하면서 얻은 식견을 담아 페르시아 전쟁을 《역사》에 기술하였다. '역사의 아버지'라 불린다.
3. 크세르크세스 (?~기원전 465) 아케메네스 왕조 페르시아의 왕(재위 기원전 486~기원전 465) 다리우스 1세의 아들. 페르시아 전쟁을 위해 그리스로 대원정을 떠났으나 살라미스 해전에서 대패한다. 아들과 함께 암살당했다.

많은 자신의 대군을 보며 백 년 후에는 이 중에 아무도 살아 있지 않을 것이라 생각하고 눈물지었다고 한다. 도서전의 두꺼운 카탈로그를 보고 십년 후면 이 중 한 권도 명맥을 유지하지 못할 것이라 생각하면 울고 싶지 않은 이가 있으랴.


7

저작의 세계도 실제 인생과 다르지 않다. 어디를 봐도 손 쓸 도리가 없는 천민들과 부딪힌다. 그들은 여름날의 파리처럼 곳곳에서 떼를 이루고 온갖 것을 뒤덮으며 더럽힌다. 그래서 무수한 악서는 이 세계에 무성한 잡초 같은 것이며, 밀에서 양분을 빼앗고 시들게 만든다. 다시 말해 악서는 독자로부터 본래라면 양서와 그 숭고한 목적에 쓰여야 할 시간과 돈과 주의력을 빼앗는다. 악서는 오로지 돈과 관직을 얻고자 쓴 글일 뿐이다. 그래서 도움이 되지 않을 뿐만 아니라, 큰 해를 끼친다. 오늘날의 저서의 90퍼센트는 독자의 주머니에서 속임수마냥 돈을 빼내는 것만이 목적이며, 이를 위해 저자와 출판사, 비평가는 굳게 결탁하고 있다.

삼류 문사, 하루하루 벌이를 위해 글을 쓰는 사람, 다작을 쓰는 작가들이 시대의 좋은 취미와 진정한 교양에 대해 빈틈없는 상당히 교활한 공적을 세웠다. 우아한 상류사회 전체를 유도하고 시대의 흐름에 뒤처지지 않도록 모두 한결같이 최신간을 읽고 서로 이야기 하도록 만든 것이다. 거기에 한 몫 한 것은 슈핀들러[4], 불워[5], 외젠 쉬[6] 같은 한 시대를 풍미한 작가들이 쓴 삼류 소설 부류다.

이런 대중문학의 독자들만큼 가련한 운명을 밟는 이도 없다. 지극히 평범한 두뇌의 소유자가 돈을 위해 휘갈긴 최신간을 항상 읽어야 한다고 여기고는 스스로를 얽어매고 있으니 말이다. 이런 부류의 작가들은 어느 시대든 차고 넘치는데도. 그 대신 시대와 국가를 초월한 희소하고 탁월한 인물의 작품은 그 제목밖에 모른다. 특히 대중문예 일간지는 독서를 즐기는 독자들에게서 교양을 기를 수 있는 주옥같은 작품에 쏟아야 할 시간을 뺏고, 평범한 저자가 쓴 졸작을 매일같이 읽게 하는 교묘한 체제다.

사람들은 모든 시대의 최고의 양서를 읽는 대신 일년 내내 최신

---

4. 칼 슈핀들러 (1796~1855) 독일의 작가. 돈을 위해 월터 스콧 같은 역사소설을 크고 작은 것까지 합해 백 편도 넘게 써댔고 큰 성공을 거두었다. 《유대인》(1872)은 6개 국어로 번역되었다.

5. 에드워드 불워 (1803~1873) 영국의 정치가이자 작가. 그가 쓴 《폼페이 최후의 날》은 여러 나라에 번역되었다.

6. 외젠 쉬 (1804~1857) 프랑스의 작가. 혁명사상가로 1851년 프랑스에서 추방당한다. 사회주의적 입장에서 하층계급의 생활상을 그려내 상당한 인기를 구가했다. 《파리의 비밀》, 《방황하는 유대인》, 《일곱 개의 원죄》, 《민중의 비밀》 등을 썼다.

간만 읽고, 저자의 생각은 좁은 세계에 머물며 돌고 돈다. 이리하여 시대는 점점 스스로 만들어낸 수렁에 깊이 파묻힌다.

그러니 우리가 책을 읽는 경우 가장 중요한 것은 읽지 않고 지나가는 것이 비결이다. 그래서 더욱 어느 시대든 대중에게 인기 있는 책에는 손을 대지 말 일이다. 지금 대호평을 받고 계속 부수를 찍어내도 1년이면 수명이 다하는 정치 팸플릿이나 문예 소책자, 소설, 시 등은 읽지 말라. 어리석은 자들을 위해 글을 쓰는 이들은 언제나 속된 인기를 얻는 법이라고 달관하고, 늘 독서를 위해 할당해둔 적절히 짧은 시간을 모든 시대와 국가를 막론하고 특출나게 탁월한 위대한 인물의 작품, 명성이 길이 남을 작품에 쓰자. 그런 작품만이 진정으로 우리를 함양시키고 계발시킨다.

악서를 통해 입는 피해는 아무리 적어도 적지 않고, 양서는 아무리 자주 읽어도 지나치지 않다. 악서는 지성을 해하고 정신을 손상시킨다.

양서를 읽기 위한 조건은 악서를 읽지 않는 것이다. 인생은 짧고 시간과 에너지는 유한하니 말이다.


8

과거의 위대한 인물에 대해 이런저런 논평을 한 책이 많이 나오고 있다. 일반 독자는 이런 책은 읽으면서 정작 위대한 인물이 쓴 저작물은 읽지 않는다. 신간서, 갓 인쇄된 책만 읽으려고 한다. 이는 '유유상종'이라는 말도 있듯이, 위대한 인물의 사상보다 오늘날의 천박한 두뇌의 인간이 풀어내는 얕고 시시한 수다가 더 독자의 수준과 비슷하여 마음 편하게 느껴지기 때문이다. 하지만 나는 젊은 시절에 아우구스트 빌헬름 슐레겔[7]의 훌륭한 경구를 접한 운명에 감사드린다. 이후로 그것은 내 좌우명이 되었다.

*열심히 고전을 읽어라, 진정으로 참된 고전을!*
*최근에 나온 글은 그다지 중요하지 않으니.*
*_슐레겔《고대 연구》*

평범한 두뇌는 어쩌면 이다지도 다들 비슷한가. 모두가 같은 틀에서 만들어진 듯하다. 같은 장면을 만나면 하나같이 똑같이 생

---

7. 아우구스트 빌헬름 슐레겔 (1767~1845) 독일 낭만주의 사상을 확립하고 대중에게 보급하였다. 예나대학교 교수. 동생인 언어학자 프리드리히와 함께 잡지 〈아테네움〉을 창간했다. 베를린에서 유명한 '문학과 미술 강의'를 했다. 독일문학은 모두 민족의 뛰어난 문학을 섭취하여 피와 살로 만들어야 한다고 주장하고, 스스로 각국의 우수한 문학을 번역하였다. 특히 셰익스피어 희곡 17편을 번역한 것은 불후의 공적이라 하겠다.

각한다. 다르게 생각하는 사람은 단 한 명도 없다. 게다가 각자의 비열한 간담이 더해진다. 그런 무리의 시답지 않은 헛소리를 어리석은 독자들은 오늘 인쇄되었다는 이유로 탐독한다. 위대한 인물의 저서는 책장에서 잠들어 있을 뿐이다.

모든 시대, 모든 나라의 온갖 종류의 고귀하고 희소한 정신에서 탄생한 작품은 읽지 않고, 매년 무수히 부화하는 파리처럼 매일 출판되는 평범한 저자의 졸작을 갓 인쇄된 따끈따끈한 책이라는 이유로 읽는 독자의 바보스러움과 착각은 보고도 믿기 어렵다. 오히려 이런 책은 탄생한 그날 중으로 무시당하고 버려져야 마땅하다. 어차피 몇 년 후면 그런 대접을 받고 옛 시대의 헛소리로 영원히 웃음거리가 될 뿐이다.


9

어느 시대에나 두 종류의 문학이 존재한다. 둘은 서로 거의 모르는 체하고 제 갈 길을 간다. 진정한 문학과 겉만 그럴 듯한 문학이 바로 그것이다. 진정한 저작물은 '불멸의 문학'으로 자라난다. 그것은 학문과 시를 위해 사는 사람들에 의해 함양되며, 진지하고 조용히 자신의 길을 간다. 그 걸음걸이는 무척이나 느려서 유럽에서 백 년 동안에도 고작 열 작품이 나오는 정도다. 하지만 그것들은 영원한 생명을 갖는다. 반면에 겉만 그럴 듯한 글은 학문이나 시를 생활의 양식으로 삼는 이들에 의해 영위되고 빠르게 나아간다. 관계자들이 큰 소리로 야단법석을 떠니 매년 수천 권의 작품이 시장에 나온다. 하지만 몇 년 후면 '그 작품은 어디로 사라졌지? 그렇게 빨리 큰 호평을 받았는데 그 명성은 대체 어디로 사라진 것인가?'라는 이야기를 듣게 된다. 그러니 이런 문학을 '유실되는 문학', 진정한 문학을 '부동의 문학'이라 부를 수도 있겠다.


10

책을 살 때 읽을 시간도 함께 살 수 있다면 굉장히 좋을 것이다. 하지만 대개 책을 사면 그 내용까지 제 것이 된 양 착각에 빠진다.

읽은 것을 모두 기억하고 싶어하는 것은 먹은 음식이 모두 몸에 담겨 있기를 바라는 것과 같다. 우리는 음식으로 몸을 기르고, 읽은 책으로 정신을 키운다. 그렇게 해서 현재의 우리가 만들어졌다. 그러나 신체가 자신과 동질의 것만 흡수하듯이 우리는 모두 자신이 흥미를 느끼는 것, 제 자신의 사상 체계나 목적에 맞는 것만을 제 안에 간직한다. 누구나 목적을 갖고 있지만, 사상체계와 비슷한 것을 가진 이는 매우 적다. 사상체계가 없으면 무슨 일에 대해서든 공정한 관심을 기울이기 어렵고, 때문에 책을 읽어도 남는 것이 없다. 무엇 하나 기억에 남지 않는 것이다.

'반복은 면학의 어머니다.' 중요한 책은 무엇이든 연달아 두 번은 읽어야 한다. 두 번째 읽을 때는 내용 연결을 한층 더 잘 이해할 수 있고, 결말을 알고 있으면 시작도 제대로 이해할 수 있기 때문이다. 또 두 번째 읽을 때는 어떤 대목도 처음과 다른 분위기와 기분을 느끼므로, 마치 같은 대상을 다른 조명 아래서 보는 것처럼 느낌이 달라진다.

작품은 글쓴이의 정신의 진수다. 그래서 작품은 아무리 위대한 정신의 소유자라도 저자 본인과의 교류와는 비교되지 않을 만큼 늘 내용이 풍부하고 기본적으로 그 교류를 보완해준다. 아니, 그것을 앞서고 훨씬 능가한다. 평범한 인물이 쓴 글이라도 도움이 되고, 읽은 보람이 있으며, 흥미로운 책이 있다. 그것이 저자의 정신의 진수이며 사색과 연구의 결실이기 때문이다. 반면에 저자 본인과 교류하는 것은 그리 즐겁지 않을 수도 있다. 그러니 저자와 직접 교류하는 것은 만족스럽지 못하더라도 그의 작품은 꽤 읽을 만하기도 하다. 따라서 높은 교양과 학식을 갖추면 점점 저자에게는 관심이 없어지고 작품에서만 즐거움을 느끼게 된다.

그리스 로마의 고전 작품을 읽는 일만큼 정신을 기분전환시켜주는 것은 없다. 고전 작가 중 누구라도 좋으니 삼십 분만이라도 그들의 책을 읽으면 즉시 기분이 가볍고 상쾌해진다. 고양되고 강해진다. 마치 바위틈에서 샘솟는 맑은 물을 마시고 기운을 회복하듯이 말이다. 이는 고전어와 그것의 완벽함 때문일까? 아니면 수천 년 동안에도 그 작품이 훼손되거나 약해지지 않고 남은 작가의 정신의 위대함 때문일까? 아마도 두 가지가 함께 작용한 것이리라. 하지만 만약 고전어 학습이 폐지되는 날이 오면 일찍이 없던 새로운 스타일의 문학, 야만적이고 밋밋하며 무가치한 문학이 탄생할 것이다. 지금은 그런 위기 상황이다(야만인은 이미 거기 있다. 문화 파괴 행위는 반드시 일어난다). 조금도 흠잡을 데 없는 고전어의 완벽성을 일부 지닌 독일어가 '당대'의 무가치한 삼류 문사들에 의해 조직적으로 훼손되고 빈약한 기형으로, 자신들만이 아는 한심한 언어로 변해가니 더욱 걱정스럽다.

두 가지 역사, 정치의 역사와 문학과 예술의 역사가 있다. 전자는 의지의 역사이고, 후자는 지성의 역사다. 그래서 정치사는 시종일관 우리를 두렵고 불안하게 만든다. 불안, 곤궁, 기만과 무서운 살육으로 가득하다. 반면에 문학과 예술의 역사는 길을 잘못들어 헤매는 경우조차 은둔생활을 하는 현자처럼 늘 밝고 명랑한 분위기를 띤다. 그 근간을 이루는 것이 바로 철학사다. 본디철학은 문학사의 핵심일 뿐만 아니라, 다른 역사 즉 정치사에도 울려퍼져 밑바탕에서부터 의견을 이끈다. 철학은 세계를 지배한다. 그러니 진정으로 바르게 이해된 철학은 가장 강력하고 실질적인 힘이지만 그 영향은 매우 서서히 나타난다.


11

세계사에서 오십 년이라고 하면 매우 상당한 세월이다. 세계사의 소재는 끊임없이 흘러오고 무언가가 일어나기 때문이다. 그에 반해 문학사에서 오십 년은 종종 아무 일도 없이 지나가므로 고려의 대상이 되지 않는다. 다시 말해 문학사는 서툰 시도와는 무관하다. 오십 년 전과 다를 바 없다. 이것을 설명하기 위해 인류에게서 나타난 지식의 진보를 행성 궤도의 이미지로 생각해보자. 인류는 대체로 눈부신 진보를 보인 후에는 곧장 궤도를 벗어나는데, 이를 프톨레마이오스 Claudios Ptolemaeos의 주전원(周轉圓)[8]으로

---

8. 주전원이란 회전하는 한 원의 원주 위에 중심을 갖고 회전하는 작은 원을 말한다. 천동설로 행성의 불규칙한 운동을 설명하기 위해 도입되었다. 사람들은 행성이 이 작은 원 위를 운동한다고 여겼다. 그리스의 천문학자이자 지리학자이며 음악이론가 프톨레마이오스 (100년경~178년경)는 《천문학 체계(아르마게스트)》를 저술했다. 이 책에는 가장 오래된 별자리표가 그려져 있다. 프톨레마이오스의 설에 따르면 항성을 흐트러지게 한 천구가 정지한 지구의 주위를 돌고 있으며, 그 가운데를 해와 달이 원 궤도를 그리며 회전하고, 당시 알려진 다섯 개의 유성이 달, 수성, 금성, 태양, 화성, 목성, 토성의 순서로 주전원 궤도를 그리며 회전한다.

나타내보자. 어떤 주전원이든 한 바퀴 돌고나면 원래의 출발점으로 되돌아온다. 하지만 정말로 행성 궤도에서 인류를 전진시키는 위대한 인물은 같은 주전원을 재현하며 모방하지 않는다. 어째서 사후에 명성을 얻는 인물이 대체로 동시대인들에게 칭송받지 못하고 반대로 동시대인들이 환호하던 인물이 사후에 완전히 잊혀지는지가 이것으로 설명된다.

이러한 주전원의 예는 피히테와 셸링의 철학에서 헤겔이 그것을 희화화하여 마지막을 장식했다. 이 주전원은 칸트가 그간 이끌어 온 원주에서 벗어난 것이다. 후에 나는 칸트의 노선을 재개하여 이어갔다. 하지만 그 사이에 앞서 언급한 사이비 철학자와 기타 두세 사람이 그들의 주전원을 빠르게 움직여 지금 완결된 참이다. 그들과 함께 달린 독자들은 출발점으로 되돌아왔음을 깨달았다.

학문, 문학, 예술의 시대정신이 대략 30년마다 파산 선고를 받는 것도 이러한 사정과 관계되어 있다. 즉 30년쯤 지나면 그 기간 동안에 지배적이었던 그릇된 견해가 점차 올라가다가 불합리함이라는 무거운 짐을 견디지 못한 채 무너지고, 더불어 그와 반대되는 견해가 세력을 얻는다. 이렇게 형세가 급변하지만, 이 견해 역시 그릇된 경우가 흔하다.

이런 주기적 반복의 과정은 문학사에 있어 유익한 재료가 되는 듯이 여겨지는데, 그리 고려되지 않고 있다. 게다가 반복 주기가 비교적 짧아서 먼 과거로 거슬러올라가 데이터를 모으기가 어려울 때가 있다. 그래서 동시대를 단서로 사태를 관찰할 수 있다면 가장 좋다.

이에 관해 자연과학의 일례를 들고 싶다면, 베르너[9]의 암석 수성론이 적절할 수도 있겠다. 하지만 나는 계속해서 앞서 거론한 우리에게 가장 친근한 예에 대해 생각하고자 한다. 독일철학에서는 칸트의 전성기에 바로 뒤이어 다른 한 시대가 시작되었다. 사람들을 설득하는 것이 아니라, 감탄시키고자 혈안이 되었다. 생각을 철저하고 명쾌히 하는 것이 아니라, 미사여구와 과장된 표현을 쓰고 이해하지 못하도록 애써, 진리를 추구하기는커녕 간교함으로 치닫는 시대가 시작된 것이다. 이래서야 철학은 진보할 수 없다. 결국에 이 학파와 방법론은 모두 파탄에 이르렀다. 다시 말해 헤겔과 그 일파는 무의미한 내용을 뻔뻔스레 휘갈기는 한편 매사에 본심이 그대로 드러나서는 안 될 지경에 이르렀다. 또한 부끄러움을 모르고 너무 도가 지나쳐, 결국 누가 보아도 속임수의 전

______
9. 아브라함 고틀로프 베르너(1750~1817) 독일의 지질학자. 과학적인 광물학, 암석학, 지질학의 창시자. 각종 암석이 지구의 각 시기에 수성적으로 생겼다는 암석 수성론을 주장하였다.

모가 밝혀졌다. 두세 가지가 더 발각되어 당국의 비호를 잃고 사람들의 비난을 사는 지경에 이르렀다.

피히테와 셸링의 철학은 철학 역사상 거의 유례를 찾기 힘든 한심한 사이비 철학의 선구자들인데, 추종자들에 의해 신용 실추의 나락으로 떨어졌다. 그리하여 지금은 칸트에 이은 19세기 초반의 독일철학의 무능함이 완전히 백일하에 드러나게 되었다. 그런데도 독일인은 다른 나라에 독일 국민의 철학적 재능을 자랑한다. 특히 한 영국 작가가 독일인을 사색하는 민족[10]이라 칭한 후로 그러한 경향이 두드러진다. 악의적인 반어법인데도 말이다.

여기서 말한 주전원의 일반적인 틀을 미술사에서 찾아본다면 조각가 베르니니Giovanni Lorenzo Bernini, 1598~1680[11]의 유파를 살펴보면 될 듯하다. 이 유파는 18세기에 들어서도 무대를 프랑스로 옮겨 번영하였고, 고전적인 아름다움이 아닌 보통의 자연을 고전

---

10. '독일인은 사색하는 민족'이라는 말의 원천으로는 칼 무제우스의 민화(1782)나 스탈 부인의 저서 《독일론》(1810)에서 '시인과 사색가의 나라'라는 등 여러 가지 설이 있다. 여기서는 영국의 작가 불워 리턴이 쓴 《어니스트 말트레이버스》(1837)에 등장하는 '사색가이면서 비평가인 민족'이라는 말을 가리키는 것으로 보인다.
11. 조반니 로렌초 베르니니(1598~1680) 이탈리아의 조각가이자 건축가. 유동적 구성, 풍부한 관능미를 지닌 대리석 조각을 비롯해 산피에트로 대성당 등의 교회 건축, 장식에서 활약하였다. '아폴론과 다프네' 등의 작품이 있다.

적인 간결함과 우아미가 아니라, 프랑스식의 미뉴에트풍 기품을 표현했다. 하지만 빙켈만Johann Joachim Winckelmann, 1717~1768[12]의 가르침에 따라 고전과 고대로의 회귀가 시작되자 이 유파는 파탄 나고 말았다.

19세기 초반의 회화에도 비슷한 예가 있다. 이 시대의 예술은 중세적인 신앙심을 나타내는 수단이자 도구이며, 교회의 가르침을 유일한 주제로 삼았는데, 그 화가들에게는 진정으로 엄숙한 신앙심이 사라지고 없었다. 그래도 환상을 버리지 못하고 프란체스코 프란치아[13], 피에트로 페루지노[14], 조반니 다 피에솔레[15] 등을 모범으로 삼았다. 그뿐만 아니라 이런 화가들을 다음 세대가

---

12. 요한 요아힘 빙켈만 (1717~1768) 독일의 미술사가. 그리스 로마 미술 연구에 작품의 실물에 기초한 양식사와 정신사의 방법론을 확립하여 고전 고고학의 기초를 다졌다. 고대 그리스 예술의 본질을 '고귀한 간결함과 조용한 위대함' 이라 칭한 것으로 유명하다. 저서로《고대 미술사》 등이 있다.
13. 프란체스코 프란치아 (1450년경~1517) 이탈리아의 화가이자 금은세공사. 볼로냐에서 출생. 만도바 궁정 화가.
14. 피에트로 페루지노 (1450년경~1523) 본명은 피에트로 바누치. 르네상스 시기 이탈리아의 움브리아파를 대표하는 화가. 바티칸, 시스티나 성당의 장식화를 그렸다. 라파엘로의 젊은 시절 스승이기도 했다. '신 같은 화가' 라는 극찬을 받았으며, '막달라 마리아' 등의 작품이 있다.
15. 조반니 다 피에솔레 (1387~1455) 프라 안젤리코라고도 불리는 이탈리아의 화가이자 도미니코회 수도승이다. 피렌체의 성 마르코 수도원의 벽화 작업을 했다.

낳은 진정한 거장들보다 높이 평가했다. 이러한 일탈은 문학의 세계에서도 최근 유사한 풍조가 거셌기 때문에 괴테는 〈사제의 놀이〉라는 우의적인 시를 썼다. 이 유파 역시 헛된 망상에 기초하고 있음이 드러나 곧 사라졌다. 이어서 일어난 자연회귀운동은 때로는 속되게 흐르기는 했어도 각종 풍속화나 생활 정경에 잘 드러나 있다.

문학사는 이런 인류 진보의 역사에 걸맞게 대부분은 실패작들의 표본 수집 카탈로그에 지나지 않는다. 이런 것을 장기간에 걸쳐 보존하는 알코올 역할을 하는 것이 제본용 돼지 가죽이다. 이에 반해 극소수인 성공작은 그런 표본 카탈로그를 검색할 것도 없이 영원한 생명을 갖고 언제까지나 싱그러운 청춘의 모습으로 불멸의 존재가 되어 활보하고, 전 세계 곳곳에서 접할 수 있다. 그런 작품만이 앞서 말한 진정한 문학을 만들어 간다. 참된 문학의 역사는 소수의 인재들이 짊어지고 왔으며, 굳이 문학사 핸드북을 읽지 않아도 어릴 때부터 교양인들의 입에 오르내리는 것을 듣고 배우는 것이다. 하지만 최근에는 사실은 아무것도 모르면서 어떤 화제에 대해서든 떠들 수 있도록 문학사를 읽는 것이 대유행이다. 그런 편집광에게는 리히텐베르크의 지극히 유익한 저작(〈잡록〉 제2권 302쪽, 구판)을 읽어보도록 권하고 싶다.

그런데 언젠가 누군가가 ‘비극의 문학사’를 써주지 않으려는

가. 여러 국민은 각각 자국이 낳은 대작가나 대예술가를 긍지로 여기고, 그들의 이름을 거론하지 않고서는 견디지 못하는데, 이러한 대가들이 생전에 어떤 대우를 받았는지 차분히 써주었으면 좋겠다. 즉 모든 시대와 나라의 진리와 선이 그 시대를 지배한 거짓과 악에 대항하여 펼친 끝없는 싸움을 있는 그대로 담아 인류에 진정한 빛을 비춘 인물, 모든 예술의 거장들이 예외 없이 맛보았던 수난의 고통을 그려낸 책 말이다. 그들이 극소수의 예외를 제외하고 누구의 인정이나 관심도 받지 못한 채, 제자도 없이 빈곤과 비참함 속에서 고생스러운 일생을 마친 데 반해, 같은 분야에서 이름을 나란히 하는 시시한 무리가 명성과 영예, 부에 젖은 모습을 우리에게 보여다오.

말하자면 성서의 에서와 같은 운명이다.[16] 에서가 아버지를 위해

---

16. 에서는 이삭의 첫째 아들로 동생 야곱과 쌍둥이다. 이삭은 사냥에 능한 에서를 아꼈고, 아내 리브가는 천막에 있기를 좋아하는 야곱을 사랑했다. 들에서 돌아온 에서는 배가 고파 야곱이 끓인 팥죽을 얻는 대신 장자의 권리를 야곱에게 판다(창세기 25장). 늙어 눈이 보이지 않는 이삭은 죽음이 가까워졌음을 알고 에서에게 사냥감을 잡아와 맛있는 식사를 만들어주면 축복하겠다고 한다. 에서가 사냥에 나선 사이 리브가는 야곱에게 에서의 옷을 입히고 염소 껍질로 야곱의 부드러운 손과 목을 덮어 그를 털이 많은 에서로 변장시킨 후 요리를 들고 가게 한다. 눈 먼 노인 이삭은 야곱을 축복해주었고, 사냥에서 돌아온 에서는 아버지의 축복을 받지 못한다(창세기 27장).

사냥터에 나가 짐승을 잡는 사이 집에서 형의 옷을 걸치고 변장한 쌍둥이 동생 야곱이 에서가 받아야 할 아버지의 축복을 가로채지 않았는가.

하지만 '비극의 문학사'에서 어떤 일이 있어도 이상을 향한 그들의 애정이 지켜지고, 결국에 이러한 인류의 스승은 고투를 끝내고 불사의 월계관을 쓰게 된다는 것으로 결말지어주기 바란다. 또한 그 마지막을 고하는 축복의 종소리가 울려 퍼진다.

'무거운 갑옷은 날개옷으로 바뀌고,
고통은 짧고, 즐거움은 영원하노라.'
_실러 〈오를레앙의 처녀〉 제5막 14장)

# 해설

이 책의 3편 '스스로 사고하기', '저술과 문체에 대하여', '독서에 대하여'는 모두 독일의 철학자 쇼펜하우어의 《소품과 부록》의 글을 옮긴 것이다. 번역에는 Arthur Schopenhauer, Sämtliche Werke Band V/2, suhrkamp taschenbuch wissenschaft(1986)의《Parerga und Paralipomena II》22장부터 24장, 즉 Selbstdenken, Über Schriftstellerei und Stil, Über Lesen und Bücher를 이용하였다. 그리고 주석은 모두 달지는 않았으며, 본문의 이해를 돕는 정도에서 선별하여 옮겼다.

여기서 쇼펜하우어의 생애를 빠르게 되짚어보겠다. 쇼펜하우어는 1788년 2월 22일 한자동맹의 자유도시 단치히에서 하인리히 플로리스 쇼펜하우어의 장남으로 태어났다. 아버지는 은행 업무 등도 함께 하는 부유한 상인이었으며, 어머니 요한나는 단치히의 명문 트로지너가의 딸이었다. 그녀는 소설가로서 여행기 등도 집필한 바가 있다. 1793년 자유도시 단치히가 프로이센의 지배를 받자, 자유를 선택한 아버지는 가족을 이끌고 한자자유도시 함부르크로 이주한다. '자유가 없는 곳에는 행복이 있을 수 없다'가 집안의 가훈이었다.

아버지는 아들을 상인으로 키울 생각으로 독일어라면 '아르투어', 영어라면 '아서', 프랑스어로는 '아르출', 어느 나라에 가도 통하는 'Arthur'라는 이름을 붙였다. 또 아버지는 훌륭한 상인, 예의를 갖춘, 세상을 잘 아는 인물이 되려면 식견을 넓히고 세상을 배워야 한다고 생각했다. 프랑스어를 배우려면 프랑스에서 생활하는 것이 가장 좋은 방법이라고 여겨 아홉 살의 아들을 프랑스 여행에 데려가서 파리를 구경한 후 르아브르의 친구 집에 맡긴다. 2년 후에 아들을 불러들여 함부르크의 철학박사 룽게의 사숙에 다니도록 했다.

이렇듯 아버지는 아들에게 상인이 되기에 유익하고 교양인으로서 필요한 것들을 철저히 교육했다. 하지만 이 무렵의 아르투어 소년은 학자가 되고 싶다고 생각하기 시작했다. 반면에 아버지는 당시의 일반 사람들과 마찬가지로 학문으로 입신양명하는 것은 어려운 데다 부유한 생활을 위해서는 상인이 제일이라고 믿고 있었다. 그래서 아들에게 학자가 되는 것을 단념한다면 보상으로 유럽 여행을 데리고 가겠다고 제안한다. 열다섯 살의 아르투어는 세계여행의 유혹을 이기지 못하고 상인이 되기로 약속하고 1803년 봄에 부모와 함께 네덜란드, 영국, 프랑스, 스위스, 오스트리아 등 2년에 걸친 장기 여행을 하게 된다. 그 후 부유한 상인인 에니쉬 아래에서 실무를 배우지만 장사가 아무래도 적성에 맞지 않았다.

여행 후 아버지는 확연히 노쇠하였고 열아홉 살 연하의 활기찬 아내 요한나와 눈에 띄게 삐걱거리기 시작했다. 1805년 아버지가 갑자기 세상을 떠나면서(사고라는 이야기도 있고 자살이라는 소문도 있다), 존경하는 아버지의 죽음은 그에게 큰 충격을 주었다. 상인으로서의 직업은 크게 불만이었지만, 아버지의 바람을 곧장 내팽개칠 수는 없었기에 우울한 하루하루를 보낸다. 그런데 이듬해, 어머니인 요한나가 남편의 상회를 정리하고 아르투어의 여동생 아델레를 데리고 바이마르로 향한다. 그녀는 그곳에서 살롱을 열어 열심히 문학 활동을 전개했으며, 타고난 재능으로 궁정 여성 관료의 지위에까지 오른다.

괴테는 요한나를 높이 평가하여 종종 중요한 인물을 데리고 그녀의 살롱을 찾았다. 괴테의 젊은 아내인 크리스티아네는 당시의 상류사회로부터 냉대를 받고 있었는데, 요한나가 그런 그녀를 진심으로 환영했기 때문이다.

1807년 아르투어는 예니쉬 상회를 그만두고 고타의 김나지움에 입학한다. 라틴어는 '믿을 수 없을 만큼 빠르게 진보'하였으나, 풍자시를 지은 탓에 퇴학을 당하고 결국 바이마르의 김나지움으로 전학을 간다. 1809년 스물두 살이 된 그는 아버지의 유산을 상속받고 괴팅겐대학교에 입학했다. 처음에는 의학부에 등록했으나, 이듬해에 철학과로 옮긴다. 철학교수 G. E. 슐체의 권유로 칸트와 플라톤을 연구했다. 플라톤으로부터 이데아론을, 칸트로부터 현상과 사물 자체의 구별을 배웠다. 이는 훗날 쇼펜하우어의 철학체계에서 보았을 때 매우 중요한 계기가 된다.

1811년 그는 바이마르에서 문학계의 거장인 빌란트를 만난다. 빌란트는 78세, 쇼펜하우어는 23세의 일이었다. 빌란트는 레싱, 클롭슈토크와 비견되는 독일 근대문학의 선구자 중 한 사람이며, 교양소설 《아가톤》의 저자로 알려져 있다. 젊은 쇼펜하우어가 '산다는 것은 번거롭고 까다로운 일입니다. 저는 이 인생을 산다는 것에 대해 곰곰이 생각하며 보내기로 결심했습니다' 하고 스스로 인생의 과제를 선택했다고 말하자, 빌란트는 '과연 그렇군. 그대가 올바른 선택을 했음이 내게도 전해지는 것 같네. 이제 겨우 자네라는 사람을 알겠어. 철학을 계속하도록 하게'라고 답했다.

이후 궁정에서 열린 연회에서도 어머니 요한나에게 '당신의 아드님과 알게 된 것은 큰 수확입니다. 그 청년은 분명 큰 인물이 될 겁니다' 하고 기쁘게 이야기했다고 한다.

1811년 가을, 아르투어는 베를린 대학으로 옮긴다. 피히테나 슐라이어마허의 강의를 듣는 것이 불만이어서 고전어학자 프리드리히 아우구스트 볼프를 따른다. 1813년 10월, 학위 논문 〈충분근거율의 네 겹의 뿌리에 대하여〉로 예나대학교에서 박사학위를 받는다. 이 논문을 읽은 괴테는 과거의 빌란트와 마찬가지로 쇼펜하우어의 범상치 않은 재능을 알아차리고, 자기 곁에서 색채론의 연구에 종사하도록 권했다. 이 해부터 이듬해 겨울까지, 괴테는 그를 집으로 초대하여 때로는 몇 시간이고 색채론뿐만 아니라, 여러 철학 문제에 대해 이야기했다.

괴테는 '쇼펜하우어 박사, 그 진가를 여러 사람에게 인정받지 못하고, 게다가 그 사람됨을 알기 어렵다. 하지만 젊은 나이에 훌륭한 업적을 가진 인물이니, 그의 방문은 나를 크게 자극했다. 우리는 서로 계발해주는 관계였다'고 적었을 뿐 아니라, '나는 다른 무리와는 그저 이야기를 나누지만, 쇼펜하우어와는 철학을 한다'고 주위에 이야기했을 정도다. 쇼펜하우어 역시 '금세기의 진정한 영광이자 명예이며, 독일인의 긍지이며, 그 이름은 모든 시대 사람들의 입에 오르내릴 대문호 괴테가 내게 우정을 표하고 친하게 만나주었다'고 괴테와의 만남에 대해 '생애 가장 기쁘고 행복했던 일' 중의 하나로 표현했다. 괴테는 '나는 칸트를 한 페이지 읽으면 마치 밝은 방에 들어간 듯한 느낌이 든다'고 말한 적이 있는데, 이 말은 쇼펜하우어의 가슴에 깊이 새겨졌다.

1813년 겨울, 괴테와의 만남 말고도 쇼펜하우어의 사상을 형성하는 데 중요한 사건이 있었다. 헤르더의 제자인 동양학자 프리드리히 마이어를 통해 인도철학을 알게 된 일이다. 쇼펜하우어는 모든 본질의 근본적인 동일성, 무가치성, 근원에서부터 생긴 현상계의 비참함에 대한 가르침, 또한 명상을 통해 비로소 해탈의 평화를 얻는다는 인도의 가르침을 저항 없이 받아들였다.

한편 어머니와 아들의 관계는 악화한다. 괴테가 요한나에게 '아드님은 장래에 분명 유명한 인물이 될 것입니다' 하고 말한 후로, 한창 인기 작가였던 그녀는 아들을 라이벌로 여기게 되었다. 막책으로 출간된 아들의 박사 논문(충분근거율의 네 겹의 뿌리에 대하여)을 건네받은 그녀는 '약장수들을 위한 책이 아니냐?'며 비웃는다. 당시 약국에서는 주로 약초를 취급했기 때문에 약초 뿌리에 대한 이야기가 아니냐고 비꼰 것이다. 아들이 화가 나서 '어머니의 책이 이 세상에서 사라진 후에도 제 책은 계속 읽힐 겁니다'라고 되받아치자, 그녀는 '네 책은 초판본도 팔리지 않고 그대로 남을 거다'라며 지지 않고 말했다고 한다. 이렇게 어머니와 아들의 관계는 결정적으로 파국을 맞이하였고, 1814년 쇼펜하우어는 바이마르를 떠나 드레스덴으로 가게 된다. 이후 어머니와 아들은 평생 두 번 다시 얼굴을 마주하지 않았다. 그 어머니에 그 아들이라고 해야 할지, 쇼펜하우어의 재기와 급격한 기질은 어머니에게서 물려받은 것이라고도 한다.

1819년에 저서 《의지와 표상으로서의 세계》가 간행된다. 5년에 걸쳐 조금씩 써내려간 대작으로 쇼펜하우어는 브록하우스사에 '내 저작은 새로운 철학체계요. 말의 진정한 의미의 새로움입니다. 기존의 것에 새로운 표현을 부여한 단순한 되풀이가 아니라, 지금껏 어떤 인간의 머리에도 떠오르지 못했던, 최고도에 관련되는 일련의 사상입니다'라며 자신만만한 편지를 보냈다. 브록하우스사는 그의 열의에 사로잡혀 출판을 승낙하였다.

쇼펜하우어의 철학은 '체험으로서의 생'에서 출발하여, 생의 직접적인 파악을 추구하는 것으로서 오늘날에는 니체, 베르그송, 딜타이, 짐멜에 의해 대표되는 '생의 철학'의 시조라고 일컬어진다. 하지만 당시에는 헤겔 철학이 프로이센을 중심으로 독일 전역을 휩쓸었고, 쇼펜하우어의 철학은 헤겔 철학으로 대표되는 관념론의 이성주의, 주지주의와 정면으로 대립하는 것이었다. 쇼펜하우어는 자신의 저서의 역사적 의의를 확신했지만, 발행 후 1년 반 동안에 백 권 정도밖에 팔리지 않았다. 판매 부진이라는 가혹

한 현실에 직면하게 된 것이다.

1819년 그는 베를린 대학의 강사에 응모하고 이듬해에 채용이 결정된다. 베를린 대학은 1810년에 설립된 신생 대학이었지만, 학생 수는 천 명이 넘었다. 그는 1820년 여름 학기 '종합철학, 즉 세계의 본질 및 인간의 정신에 대하여'를 대담하면서도 무모하게 그 무렵 인기 절정이던 헤겔 교수의 주요 강의 '윤리학과 형이상학'과 같은 시기에 개설했다. 이때 헤겔은 50세, 쇼펜하우어는 32세였다. 그는 헤겔의 학생을 남김없이 빼앗아 오려는 야망을 불태운 것이다. 하지만 한 가지 문제가 있었다. 《의지와 표상으로서의 세계》의 저자가 어떤 사람인지 당시 아무도 몰랐던 것이다. 전쟁(다만 젊은 무명의 철학자 측에서 시작한 일방적인 싸움)의 뚜껑은 열리고야 말았다. 헤겔의 강의에는 200명이 훨씬 넘는 학생들이 모였고 교실은 늘 초만원이었다. 그에 반해 쇼펜하우어의 강의에 청강을 신청한 학생은 고작 8명으로 참패가 아닐 수 없었다. '타도 헤겔'의 야망은 어이없이 꺾였고, 이것이 쇼펜하우어로서는 처음이자 마지막 강의가 되었다. 자존심이 강한 그는 스스로 대학 강사로서의 길을 던져버리고 만다. 하지만 대학 측은 계약대로 24학기, 즉 10년여에 걸쳐 규칙적으로 헤겔과 같은 시기에 강의하는 것으로 예고했다. 불쌍한 것은 기다려야만 하는 학생들이었다.

그 후 그는 재야의 학자로서 살았다. 1833년 이후에는 프랑크푸르트 만하임에 정착해 무척이나 규칙적인 생활을 한다. 오전 중 3시간을 집필에 할애했다. 머리에 그 이상을 요구하면 사색의 힘은 약해지고, 독창성이 사라지며, 문체가 거칠어진다는 이유에서였다. 집필 후 1시간은 플루트를 연주했다. 만년에는 거의 로시니만을 연주했다. 점심에는 프랑크푸르트 제일 고급 레스토랑 '영국 식당'에서 먹었는데, 종종 2인분을 주문해서 먹기도 했다.

'마르고 중간 정도의 키에 항상 단정한 옷차림을 했으며(어느 정도 낡은 것이기는 했지만), 짧게 자른 은발에 얼굴은 장밋빛이고 푸른 눈은 밝으며, 대개는 만족스러운 표정으로 저 멀리 바라보며 보통 사람들과는 다른 이지적인 면모를 풍겼다. 매력적인 외모라고 할 것까지는 아니지만 재기로 넘쳤고, 종종 아이러니한 미소를 띠었다'(작가 헤르만 롤렛의 묘사). 베를린 오페라 가수 메돈(본명 카롤리네 리히터)을 비롯하여 몇 번의 연애를 했지만 평생 독신으로 지냈다.

1850년 쇼펜하우어는 '매일 꾸준히 6년에 걸쳐 써온' 크고 작은 여러 에세이와 단편을 집대성한《소품과 부록》의 집필에 종지부를 찍었다. 이 책《독서에 대하여》에 실은 세 가지 소편뿐만 아니라, 일본에서 오래전부터 익숙한 쇼펜하우어의 작품 '지성에 대하여', '자살에 대하여', '여자에 대하여', '행복에 대하여' 등도《소품과 부록》에 실려 있다. 쇼펜하우어는 이 저작에 대해 '내 막내아들'이라 부르며, '이것의 탄생으로 인해 이 세상에서 해야 할 나의 사명은 끝났다'고 말했다. 이《소품과 부록》은 이듬해인 1851년에 제자 프라우엔슈테트가 애쓴 덕분에 베를린의 A. W. 하인 서점에서 출간되자마자 베스트셀러가 된다. 그러자 지금껏 별반 주목받지 못했던 그의 사상도 널리 관심을 끌었으며, 이윽고 사상체계 전체를 되돌아보는 분위기가 형성되었다.

이리하여 그의 말에 따르면 '명성의 희극'이 시작되었다. 1856년에는 라이프치히대학의 철학과가 '쇼펜하우어 철학의 논술과 비판'이라는 과제로 현상 응모 논문을 모집했고, 이듬해에는 '쇼펜하우어학파의 철학'이 본대학교와 브레슬라우대학교의 강의에서 다루어졌다. 그의 다른 작품도 차례로 영국과 프랑스에서 번역된다. 팬레터가 쏟아졌고, 독일 각지에서 방문자가 끊이지 않았다. 극작가 겸 시인 프리드리히 헤벨(1813~1863)도 방문객 중 한 명이었다.

쇼펜하우어는 자신의 철학을 성실히 읽고 연구하는 이들에 대해 감사와 가벼운 빈정거림을 담아 '학생들'이라 불렀고, 그들이 자신의 저서에 대해 글을 쓰면 '행음사가'라고 불렀다. 자신의 사상이 만년에 들어서야 굳건한 지지를 받게 된 것을 확실히 느꼈으며, 세상을 떠나기 5년 전인 1855년 '내 명성의 섬광이 그 최초의 광선으로 내 생애의 해질 무렵을 황금색으로 수놓고 어두운 구름을 걷어낼 것으로 기대할 수 있을 듯하다'고 썼다.

그리고 이번에 번역한《독서에 대하여》의 스타일과 내용에 대해서도 짚어보겠다.

이 작품이 실린《소품과 부록》은 그의 주요 저서인《의지와 표상으로서의 세계》의 주석이며, 쇼펜하우어 철학을 알기 쉽게 이해하게 해주는 최고의 입문서다. 현실의 다양한 문제에 대한 그의 '철학 소논문'이자, 자연과 인생에 대한 날카로운 견해가 드러나 있다. 쇼펜하우어는 주요 저서에 대한 반향이 없었던 것과 마르케 사건(그와 메돈의 만남을 흥미롭게 지켜보던 재봉사 마르케를 다치게 했다고 한다)의 불운한 소송 탓에 실의에 빠진 나날을 보내던 중, 스페인어 공부에 몰두한다. 그리하여 스페인의 철학자 발타사르 그라시안의 《Oráculo manual y arte de prudencia(신탁, 현명하게 사는 비결)》, 역서《현명하게 사는 지혜》,《발타사르 그라시안 현인의 지혜》를 옮겼다.

그의 번역은 친구인 스페인어학자 카일이 명역이라고 극찬했을 정도였지만, 당시에는 출판해주겠다는 곳이 없어 쇼펜하우어의 사후 1862년에야 출간되었다. 그라시안의 이 책은 제목에는 신탁이라고 되어 있지만 신탁과 직접적인 관계는 없다. 처세술에 대해 그라시안 스타일로 정리한 것으로《소품과 부록》에는 이 책의 영향이 있다고 일컬어진다.

하지만 필자는《소품과 부록》에 그라시안뿐만 아니라, 물리학자로서 독일 계몽주의의 기수 리히텐베르크(1742~1799)와의 연결고리도 느낄 수 있었다. 쇼펜하우어는 리히텐베르크를 '자신의 머리로 스스로를 위해 생각하는 진정한 사색가'라며 높이 평가했다. 리히텐베르크는 1764년부터 세상을 떠날 때까지 35년간 일상의 단상을 아포리즘풍으로 정리한 수첩, 스스로의 말을 빌리면 '사고의 부기'를 자조 섞어 《Sudelbücher》(sudeln에 쉬지 않고 일한다는 뜻이 있다)를 1825년에 일부 출간했다. 역서로는 《리히텐베르크 선생의 비밀 수첩》이라고 한다.

쇼펜하우어는 《소품과 부록》을 자신의 주요 저서에 덧붙이는 글이라 했고, 그런 겸손한 제목은 존경하는 리히텐베르크의 아포리즘 단상을 연상시킨다. 또 쇼펜하우어는 비유를 '인식의 강력한 추진력'으로 간주하고, 비유를 통해 철학을 평이하게 만들며 인식의 새로운 세계를 열어가고자 하였다. 예를 들면 그는 자연과학자와 형이상학자를 두 사람의 광부에 빗대어 둘이 서로 멀리 떨어진 땅속 어둠 속에서 계속 땅을 판 끝에 서로의 망치소리를 듣게 되고 결국은 만나는 관계라고 했다. 이 둘의 접촉으로 학문의 화해가 시작된다고 말이다.

철학자 쇼펜하우어는 자신이 자연과학을 향해 굴을 파는 것처럼 자연과학자 리히텐베르크가 형이상학을 향해 굴을 파고 있다고 느끼고 마음의 동료로 삼은 것이 아닐까. 한편 리히텐베르크의 비유의 인식기능에 관해서는 요하네스 발브의 논문 〈리히텐베르크의 아포리즘 개념에 있어서의 레토릭과 인식〉(독일문학 145호 2012년)에 상세히 나와 있다.

이 책《독서에 대하여》의 '스스로 사고하기', '저술과 문체에 대하여', '독서에 대하여'는 서로 긴밀하게 연관되는 주제를 다루고 있다. 쇼펜하우어는 글을 어떻게 써야 하는지, 어떤 책을 읽어야 하는지에 대한 기술적인 관심사, 표층적 노하우에 대해 '스스로 생각하기'의 중요성을 피력한다. 또한 독서란 사색의 그물을 타인의 손에 맡기는 일이라고 표현하며 독서 삼매경으로 인해 스스로 생각하는 능력이 계속 사라질 위험에 대해 시사했다. '책을 읽어도 제 피와 살이 되는 것은 반추하며 곰곰이 생각한 내용뿐'이며, '올바른 글을 쓰려면 현명해야 한다'고 했으니 말이다. 쇼펜하우어는 그 분야에 정통한 대가, 옛 사람의 책을 읽기를 권했다. '스스로 사고하는 사람', 즉 '진정한 사색가'와 '보고 암기하는 데 능한 애서가, 즉 책에서 얻은 지식을 더없이 사랑하는 사람'의 차이나 '진정한 문학'과 '겉만 그럴 듯한 문학'의 차이에 대해 논하였으며, 현자인 척하는 저자의 심리적 메커니즘을 분석하고 인간 마음의 심층을 파고든다. 항상 현상의 근원, 인간의 본질을 추구하는 그의 자세와 언설은 현대에도 선명한 빛을 발한다.

또한 쇼펜하우어는 학식을 가진 이가 저널리즘의 대중문화에

다가가는 풍조나 모국어의 혼란을 날카롭게 비판한다. '모국어에 깃든 정신과 문법이 비열한 삼류 문사에 의해 망가지고 있는데, 누구 하나 이의를 제기하지 않는다. 이의 제기는커녕 항의해야 할 입장인 소위 학자와 학문에 종사하는 자들이 신문 잡지에 졸문을 쓰고 품삯을 버는 무리, 저널리스트에 지지 않으려 애쓰고 있다'며 본래의 언어를 지키고 방패가 되어야 할 지식인들이 국어의 쇠락과 문화의 폐단에 힘을 보태고 있는 현실에 쓴소리를 아끼지 않았다.

이는 당시의 사회 배경을 빼고는 생각할 수 없다. 19세기 중반 오래도록 보존되어온 진, 선, 미의 통일적인 미적 가치관은 위태로운 상황이었다. 도시화와 공업화의 물결, 프롤레타리아트의 대두와 더불어 빈곤과 범죄 등의 사회문제가 발생하고, 통속범죄소설, 호러작품이 사랑받으며 대중의 자극적인 쾌감을 추구하는 기호는 점점 심해진다. 대중은 더 강렬한 것, 더 그로테스크한 것을 찾으며, 이로 인해 대중의 감각은 점차 둔해진다. 대중문화의 전면에 '비속한 것', '잔악한 것'이 내걸리고 미와 숭고의 개념은 어느 때보다 더 쇠락한다. 다시 말해 이유 없이 아름답고 선한 것을 믿는 정신의 기반 자체가 흔들리고, 미의 이데아는 왜곡되며 진정한 아름다움, 미의 이데아를 벌거벗은 그대로 파악하기가 어려워진다.

154

1853년 쾨니히스베르크 대학의 철학교수 카를 로젠크란츠(1805~79)는 진정한 순연의 미를 더 이상 표현하지 못하는 형이하학적 도덕적 퇴폐에서 시대의 징후를 읽어내고 《추의 미학》을 출판하였다.

그런 시대였기에 쇼펜하우어는 진정으로 언어와 앎을 사랑하기에 언어의 폐해 및 익명의 언어 활동에 기인하는 문화의 쇠퇴를 일찌감치 알아차리고 경종을 울렸다. 지금의 일본에는 머리글자만 뗀 생략어나 중간의 한 음절을 제거한 단어, 혹은 익명으로 쓰는 인터넷상의 댓글이 만연하고 있는데, 쇼펜하우어 박사가 보았다면 '단어 하나하나를 잘라내는 수법은 전혀 다른 절차', 즉 '간결하고 명확하게 생각하는 비법', '아무리 미세한 변화나 미묘한 뉘앙스에도 엄격히 대응하는 언어를 자유자재로 다루는 국어능력'을 요청하고, 익명의 비평가를 '명예심이라고는 털끝만큼도 없다'고 평하지 않을까. 거기에는 언어를 함부로 다루면, 그 언어를 사용하는 개개인의 사고능력과 도덕성이 저하되고 결국에는 문화와 사회규범까지 쇠멸한다는 그의 절실한 메시지가 담겨 있다. 그는 문화를 짊어진 사람들에게 모국어를 바르게 쓰고 말하는 것에 대한 의무와 책임을 촉구한다. 미래를 내다보고 언어를 더욱 소중히 하자, 수동적으로 받아들일 것이 아니라 스스로 잘 생각하자는 쇼펜하우어의 진지한 주장은 시대를 뛰어넘어 우리를 감동시킨다.

이런 언어에 대한 위기의식은 20세기 초반 취리히에서 발생한 다다이즘 운동으로 이어졌다. 다다이스트들은 상식을 파괴하는 격렬한 언동으로 일반사회에 '예술이란 무엇인가', '언어란 무엇인가', '시란 무엇인가', '커뮤니케이션의 본질이란 무엇인가' 하는 지금껏 사람들이 당연시하고 간과해온 것들을 근본부터 묻기를 끊임없이 요구했다.

그들은 '말 없는 시', 〈Lautgedichte(음성시)〉와 여러 낭독자에 의한 동시 진행시, 그로테스크한 가면이나 복장을 한 퍼포먼스를 통해 언어의 더욱 원초적인 것, 더 깊은 근원에 있는 것을 캐내고자 했다. 다시 말해 언어의 가장 핵심인 오랜 층의 언어에 어떻게 하면 새로운 생명을 불어넣을 수 있을지 모색하고, 시와 커뮤니케이션의 본질을 찾도록 했다. 취리히 다다이즘 운동을 시작한 이들 중 한 명인 독일의 시인 후고 발은 1916년 제1회 '다다의 밤' 강연에서 '언어가 언어이기를 그만두고, 게다가 처음으로 언어이길 시작하는 듯한 그런 장소에 나는 언어를 갖고 싶다'고 했다. 그는 언어를 언어의 선잠의 세계로부터 꺼내 '분별 있고 빈틈없이 나이든 우리의 환경 탓에 더 이상 거의 몽상할 일 없는 철학과 생의 영역'으로 잘라내려 한 것이다. 전통문화에서 스프링보드에 비할 바 없는 도약력과 폭발적인 에너지를 보이는 다다이스트들은 과격한 퍼포먼스와 맞물려 언어 파괴자로 간주되기 십상이지만, 필자는 오히려 언어의 재인식을 추구하는 자라고 여기고 싶다. 다다이스트들의 외침과 19세기 철학자의 통렬한 언어 비평은 뿌리 부분에서 공명하리라 생각된다.

　일반적으로 쇼펜하우어의 근본사상은 칸트의 인식론, 플라톤의 이데아론, 베다의 범신론 및 페시미즘과의 결합이라 여겨지며, ‘일본 쇼펜하우어 협회’(1988년 쇼펜하우어 탄생 200년을 기념해 출범)에서도 다각적으로 활발한 논의가 전개되고 있다. 쇼펜하우어는 동양의 사상과 지혜로 서양 근대합리주의의 한계를 뛰어넘고자 한 인물이다. 여기서 그의 도덕철학에서의 ‘Mitleid(함께 고통받는 것, 공고)’에 대해 언급하고 싶다. 덴마크왕립과학원 현상응모 논문 ‘도덕의 기초에 대해’(1840)에서는 그의 극히 독창적인 ‘Mitleid’의 윤리학이 인간애의 핵심으로서 전개되고 있다. 그는 ‘Erbarmen(연민하다)’보다도 ‘Mitleid’라는 말을 선호해서 썼다. 통상적으로 독일어–일본어 사전에는 ‘Mitleid’가 ‘동정’, ‘배려’ 등으로 번역되어 있다. 쇼펜하우어는 이에 대해 타인의 고통이나 고뇌에 그냥 공감하고 공명하는 것뿐만 아니라, 더욱 능동적이고 자발적인 ‘함께 고민하고 고통스러워하는’ 행위라고 하였다. 이는 타자와 같은 위치에 서서 마음 깊은 곳에서부터 타자에게 다가가 그의 고뇌를 자기 안에 받아들이는 것을 뜻하며, '당신의 고뇌는 곧 나의 고뇌'라는 진정한 도의심과 인간애로 가득 차 있다.

왜냐하면 살아 있는 모든 것에 대한 한없는 'Mitleid'는 인간이 행해야 할 바른 길을 분명하고 확실히 보증하는 것이며, 천착할 것까지도 없기 때문이다. 'Mitleid'로 가득한 자는 누군가에게 상처를 주는 일도 해를 끼치거나 슬퍼하게 하는 일도 없다. 오히려 배려심을 갖고 타인을 용서하고, 있는 힘껏 돕는다. 그렇게 하면 어떤 행동도 정의와 인간애의 성격을 띨 것이다. 그리하여 'Ich(나)'와 'Du(너)'의 넘기 힘든 벽은 사라진다. 그의 'Mitleid'은 오래 전부터 일본에서 전해져온 인의 정신과도 통하며, 전 인류를 연대시키는 힘을 가진다. 쇼펜하우어의 페시미즘에는 인간의 선의를 신뢰하는 휴머니즘이 밑바탕에 자리하고 있으며, 인간은 고뇌 속에 던져진 존재이기에 더더욱 절실히 'Mitleid'이 요구된다. 그것이야말로 폐쇄적인 현대를 살아가는 데 힘이 되지 않을까.


이 책을 마무리하며 쇼펜하우어의 수용에 대해 언급하고자 한다.

쇼펜하우어 철학에 가장 먼저 주목한 동시대의 저명한 인물로 독일의 작가 장 파울을 들 수 있다. 장 파울은 자신의 〈미학 입문〉(1824)에서《의지와 표상으로서의 세계》를 쓴 쇼펜하우어에 대해 심오하며 예리한 통찰력을 지녔으면서도 대담한, 여러 면에서 천재적인 철학자라고 평했다.

또 독일의 작곡가로 악극의 창시자인 바그너는 1854년 9월,《의지와 표상으로서의 세계》를 읽고 깊은 감명을 받아 이듬해 여름까지 그 두꺼운 책을 네 번이나 완독하였다. 나아가 자신의 작품 〈니벨룽겐의 반지〉를 헌사와 함께 쇼펜하우어에게 증정하기까지 했다. 모차르트와 로시니의 생애를 한없이 사랑했던 쇼펜하우어는 바그너에 대해 '음악을 그만두는 것이 나은 인물이다. 음악보다는 시인에 어울린다'고 말했다.

그리고 니체와《의지와 표상으로서의 세계》의 운명적인 만남에 대해서는 이미 널리 알려져 있다. 쇼펜하우어가 세상을 떠나고 5년이 지난 1865년, 라이프치히대학의 학생이던 니체는 헌책방에서 두꺼운 분량의 책 한 권을 보게 된다. 몇 장 넘겨보니 '대체 어떤 악마가 내 귀에다 속삭였단 말인가. 무조건 들고 가라는 소리가 들렸다'고 했다. 그 후 니체는 잠자는 시간도 아까워하며 책에 빠져들었고, '마치 나를 위해 써준 책 같았다'며 충격을 받고는 쇼펜하우어를 '교육자'라 불렀다.

러시아의 대문호 톨스토이는 1868년《전쟁과 평화》를 끝맺으며 '필연과 자유'에 대한 글을 집필하던 중 운명처럼 쇼펜하우어의 《의지와 표상으로서의 세계》를 만난다. 아프도록 필연과 자유를 추구하던 그때, 톨스토이는 자신이 생각하던 바를 훨씬 깊이 있고 예리하게, 그러면서도 상세히 생각한 철학자의 존재를 알고는 놀람과 동시에 감격한다. 그는 당시 러시아에서 손꼽히는 시인이자 친구인 페트에게 보낸 편지(1869년 8월 30일)에서 '지금 나는 쇼펜하우어가 많은 인간 중에서도 가장 천재적인 인물이라 확신하네… 이건 믿을 수 없으리만큼 분명하고도 아름답게 비춰낸 세계일세'라며 극찬하고 10월에 자신의 대작 《전쟁과 평화》를 완결했다. 페트는 1881년 《의지와 표상으로서의 세계》를 최초로 러시아어로 번역 출판하였다. 톨스토이는 유일하게 쇼펜하우어의 초상화만을 자신의 서재에 걸어두었다.

후지누마 교수는 톨스토이가 형이상학뿐만 아니라, 국가론이나 비폭력 사상에 이르기까지 폭넓게 쇼펜하우어의 영향을 받았다고 말한다. 그밖에도 스웨덴의 극작가이자 소설가인 아우구스트 스트린드베리, 독일의 문호 토마스 만, 쇼펜하우어를 '언어의 예술가'라 부른 카프카나 프로이트 등 그가 후세에 끼친 영향은 헤아릴 수 없을 정도다.

# 아르투어 쇼펜하우어 연보

## 1788년

2월 22일, 부유한 상인이었던 아버지 하인리히 플로리스 쇼펜하우어(Heinrich Floris Schopenhauer)와 어머니 요한나 헨리에테 쇼펜하우어(Johanna Henriette Schopenhauer, 결혼 전 성은 트로지너)의 장남으로 한 자동맹의 자유도시 단치히에서 태어난다.

## 1793년(5세)

단치히가 프로이센에 합병되기 직전, 쇼펜하우어 가족은 또 다른 자유도시인 함부르크로 이주한다.

## 1797년(9세)

여동생 아델레가 태어난다. 프랑스어를 배우기 위해 프랑스 르아브르에 있는 아버지의 지인 집에서 지내게 된다.

**1799년(11세)**

프랑스에서 돌아와 룽게 박사의 사립 상업학교에 다닌다.

**1803년(15세)**

김나지움에 진학하는 것을 단념하고, 아버지의 뜻에 따라 상인이
되기로 결심한다. 부모님과 함께 유럽(네덜란드, 잉글랜드, 프랑스, 스위스,
오스트리아) 여행을 떠난다.

**1805년(17세)**

가족이 모두 함부르크로 돌아온다. 함부르크의 거상 예니쉬의
상업 사무실에서 수습사원으로 근무하기 시작한다. 4월 20일, 아
버지가 갑자기 사망한다.

**1806년(18세)**

아버지의 사망 후 어머니 요한나는 상회를 정리한 후 딸 아델레
와 함께 바이마르로 이주한다. 아르투어만 함부르크에 남아서
상인 수습을 지속한다.

**1807년(19세)**

예니쉬의 상업 사무실을 그만둔 뒤 고타에 있는 김나지움에 입학

한다. 풍자시를 써서 퇴학을 당하고, 바이마르의 김나지움으로
옮긴다.

## 1809년(21세)

10월 9일, 괴팅겐대학교 의학부에 입학한다.

## 1810년(22세)

의학부에서 철학과로 옮긴다. 철학자인 고틀로프 에른스트 슐체
(Gottlob Ernst Schulze) 교수의 권유에 따라 칸트와 플라톤을 공부한다.

## 1811년(23세)

바이마르에서 당시 독일 문학계의 거장인 크리스토프 빌란트를
만나 철학에 대한 결심을 이야기한다. 가을에 베를린대학교로 옮
긴다. 피히테, 슐라이어마허의 강의를 듣는다.

## 1812년(24세)

피히테, 슐라이어마허의 강의에 회의를 느낀다. 반면에 고전학자
프리드리히 아우구스트 볼프가 주도하는 고대 그리스 역사와 철
학 강의에 존경심을 표한다.

## 1813년(25세)

전쟁의 혼란으로 인해 베를린을 떠나 바이마르에 잠시 머문다. 어머니와의 다툼이 지속된다. 루돌슈타트에서 학위 논문인 〈충분근거율의 네 겹의 뿌리에 대하여(Über die vierfache Wurzel des Satzes vom zureichenden Grunde)〉를 완성하고, 10월에 예나대학교에서 철학 박사 학위를 받는다. 겨울에 괴테와 색채론에 대해 대화를 나눈다. 동양학자인 마이어와 교제하며 인도 철학을 접하게 된다.

## 1814년(26세)

바이마르를 떠나 드레스덴으로 이주한다. 《의지와 표상으로서의 세계(Die Welt als Wille und Vorstellung)》를 구상하기 시작한다.

## 1815년(27세)

〈시각과 색채에 대하여(Über das Sehn und die Farben)〉를 발표한다. 주요 저서인 《의지와 표상으로서의 세계》의 첫 번째 원고를 집필한다.

## 1818년(30세)

3월, 《의지와 표상으로서의 세계》를 완성하여 브록하우스사에서 출판하기로 한다.

## 1819년(31세)

1월,《의지와 표상으로서의 세계》가 간행되고, 쇼펜하우어는 8월
에 다시 드레스덴으로 돌아간다.

## 1820년(32세)

베를린대학교에서 강사로 취임한다. 헤겔의 강의와 같은 시간대
에 강의하는 바람에 수강생이 적어 실의에 빠진다.

## 1821년(33세)

훗날 메돈으로 알려진 가수 카롤리네 리히터와 비밀 연애를 시작
한다. 문 앞에서 시끄럽게 떠든 재봉사 카롤리네 루이제 마르케
와 심하게 다툰 쇼펜하우어는 이후 5년 남짓 지속된 소송에 시달
린다.

## 1822년(34세)

두 번째 이탈리아 여행을 한다.

## 1823년(35세)

여행을 마치고 5월에 독일 뮌헨으로 돌아온다. 여러 질병으로 힘
든 시간을 보낸다.

## 1824년(36세)

낭만주의 작가 장 파울이 《미학 입문》에서 《의지와 표상으로서의 세계》를 언급한다.

## 1825년(37세)

다시 베를린으로 돌아오지만 실의와 좌절의 날들을 보낸다.

## 1826년(38세)

겨울 학기 강의목록에 이름은 올랐으나 강의는 하지 않는다. 1831년 겨울 학기까지 이 상태가 이어진다.

## 1829년(41세)

칸트의 주요 저서를 영어본으로 기획한다(출판 수락자는 없음). 〈시각과 색채에 대하여〉 라틴어본을 발표한다.

## 1831년(43세)

8월, 콜레라가 창궐하자 베를린을 떠나 프랑크푸르트로 피신한다. 헤겔은 콜레라에 걸려 사망한다.

## 1832년(44세)

만하임으로 가서 1년 동안 머무른다. 괴테가 세상을 떠난다.

## 1833년(45세)

프랑크푸르트에 정착하기로 결심하고 남은 생애를 이곳에서 보
낸다.

## 1836년(48세)

《자연에서의 의지에 대하여(Über den Willen in der Natur)》를 출간한다.

## 1838년(50세)

모친 요한나 쇼펜하우어가 세상을 떠난다.

## 1839년(51세)

현상 응모 논문 〈의지의 자유에 대하여(Über die Freiheit des Willens)〉
로 노르웨이 왕립학술원으로부터 수상한다.

## 1840년(52세)

현상 응모 논문 〈도덕의 기초에 대하여(Über die Grundlage der Moral)〉로
덴마크 왕립학술원에 단독으로 지원했지만 낙선한다.

## 1843년(55세)

《의지와 표상으로서의 세계》 제2부, 속편을 완성한다.

## 1844년(56세)

《의지와 표상으로서의 세계》 제2판, 속편을 포함하여 출간한다.

## 1845년(57세)

《소품과 부록(Parerga und Paralipomena)》을 집필하기 시작한다.

## 1849년(61세)

여동생 아델레가 사망한다.

## 1851년(63세)

《소품과 부록》을 출간한다.

## 1852년(64세)

《소품과 부록》이 영국에서도 호평 받는다.

## 1853년(65세)

쇼펜하우어의 명성이 높아진다.

## 1854년(66세)

《자연에서의 의지에 대하여》 제2판을 출간한다. 리하르트 바그너가 쇼펜하우어에게 〈니벨룽겐의 반지〉의 헌정본을 보낸다.

## 1859년(71세)

《의지와 표상으로서의 세계》 제3판이 출간된다. 조각가 엘리자베스 네이가 쇼펜하우어의 흉상을 완성한다.

## 1860년(72세)

9월 9일에 폐렴 증상이 나타나고 9월 21일 조용히 숨을 거둔다. 9월 26일 프랑크푸르트의 시립 중앙 묘지에 안장된다.

단정하고 날카로우며 농밀하다. 내가 쇼펜하우어의 원문을 접했을 때의 솔직한 감상이다. 명쾌한 정론에 '지당하신 말씀입니다' 하고 몸 둘 바를 모를 듯하다. 그런데 그의 문장을 옮기는 일은 상당히 즐거운 작업이었다. 고전의 소양이 느껴지는 그의 문체는 어딘지 모르게 늠름하고 정연했으며 비유는 더할 나위 없이 적합했다.

독일 철학계 최고의 문장가로 알려진 그의 격조 높은 문장은 일본의 옛 고등학교에서 독일어 모범으로 칭해졌을 정도다. 과거 일본의 고등학교에서는 '데칸쇼, 데칸쇼로 반년 살지, 남은 반년은 누워 지내지' 하고 '데칸쇼 구절'이 학생들 사이에 불려졌다. '데칸쇼'는 바로 데카르트, 칸트, 쇼펜하우어의 이름 첫 글자를 딴 것이다. 옛날 학생들은 차분히 철학을 논하고 숙고하는 시간을 가지며 진정한 교양을 익히고 인격을 형성했구나 하는 생각을 자주 한다.

나는 '자신의 머리로 생각하는 것'의 중요성과 생각할 만큼의 머리가 되지 않는 스스로를 통감했다. 그러면서도 쇼펜하우어의 단적인 표현을 보고는 저도 모르게 뺨이 씰룩이고는 했다. 쓴소리도 적지 않지만 왠지 모르게 시원한 쾌감이 느껴져서다. 그런 지적인 유머로 가득한 쇼펜하우어의 《독서에 대하여》를 즐겁게 읽어준다면 더없이 기쁘겠다.

마지막으로 '톨스토이와 쇼펜하우어'에 관한 귀중한 자료와 정보를 제공해주신 고 와세다대학교 명예교수이신 후지누마 타카시 선생님과 유족 분들, 그리고 이 책의 출간에 성심을 다해주신 출판사 편집번역부 담당자께 진심으로 감사드린다.

스즈키 요시코

# 쇼펜하우어 독서에 대하여

**독서를 이기는 것은 없다**

초판 1쇄 인쇄 | 2026년 2월 20일
초판 1쇄 발행 | 2026년 2월 25일

지은이 | 쇼펜하우어
옮긴이 | 스즈키 요시코·황미숙
펴낸곳 | Vitamin Book
펴낸이 | 박영진

등록 | 제318-2004-00072호
주소 | 07301 서울특별시 영등포구 영신로 34길 19, 2층
전화 | 02) 2677-1064
팩스 | 02) 2677-1026
이메일 | vitaminbooks@naver.com



ISBN 979-11-94124-18-4  03160